나의 핸드메이드 원피스
01

입을수록 편안한 리넨 원피스

한 벌만 입어도
겹쳐 입어도 멋진 스타일

시바타 히로미 지음

즐거운상상

introduction

도화지에 그린 옷을 오려서 종이인형에 대고 모자랑 신발은 어떤 것으로 고를지
고민하는 놀이를 질리지도 않고 했던 어린 시절.
이것이 제 옷 만들기의 시작이었습니다.

그 후 오랜 시간을 지나 특별한 리넨 소재를 만났습니다.
서걱서걱하고 빳빳한 느낌을 주는 리넨은 사용하는 동안 점점 부드러워지죠.
이 소재로 다양한 옷을 만들어 보고 싶다는 생각이 들었습니다.

특히 원피스는 어린 시절부터 저에게는 특별한 옷이었습니다.
주름, 접박기, 플레어를 어디에 어떤 식으로 넣을까?
소매와 옷깃, 길이는? 색깔은? 어떤 라인으로 할까?
그런 것을 생각하는 동안 가슴이 두근거리고 설레었습니다.
제가 디자인하는 의상 브랜드 '하리시고토 fuku'에서 만들기 시작한 옷은
그런 생각과 함께 오래 입을 수 있었으면 좋겠다는 바람도 있어서
완성 단계에서 시접을 파이핑으로 처리하거나 쌈솔로 처리하는 등
조금 더 손이 가는 과정을 거칩니다.

리넨은 입다 보면 흐물흐물해지거나 색이 빠지는 등 촉감과 컬러에 변화가 있는 소재입니다.
그런 매력 덕분에 애착이 가고 오래 입을 수 있는 옷을 만들 수 있답니다.
리넨을 체험하며 언제까지나 아껴 가며 입고 싶은 옷을 만들어 보세요.

시바타 히로미

contents

※ 이 책에 실린 작품은 부록으로 들어 있는 실물 크기 옷본과 그것을 응용하여 만들 수 있습니다.
   실물 크기 옷본은 다른 종이나 패턴용 부직포에 옮겨 그려서 사용하세요.

※ 실물 크기 옷본의 사이즈는 S, M, L입니다.

※ 이 책에 실린 작품은 모두 리넨 원단으로 만들었습니다.

d   P. 42

f   P. 46

j P.50

18

n   P. 58

q P.64

r P. 65

옷을 만들기 전에

이 책의 작품은 지그재그박기나 오버로크를 사용하지 않고
시접을 넉넉히 두어 마름질하여 쌈솔이나 파이핑으로 시접을 처리합니다.
세탁을 해도 올이 잘 풀리지 않는 것이 특징입니다.
바느질법 기초(P.34~35)를 참조하여 작품을 만들어 보세요.

사이즈

사이즈가 적혀 있지 않은 프리 사이즈 이외에는 S·M·L 세 가지 사이즈를 실었으며 낙낙한 디자인으로 만들었습니다. 특히 스커트 길이는 긴 편이므로 밑단 쪽을 취향대로 조정하세요.

● 신체 치수

	S	M	L
키	157	160	163
가슴둘레	80	83	92
허리둘레	62	65	72
엉덩이둘레	86	90	100

선세탁

리넨은 세탁하면 줄어들기 쉬운 소재이므로 재단하기 전에 '선세탁'을 합니다.

● 선세탁 방법

1. 큼직한 대야에 물을 충분히 받아서, 병풍 모양으로 접은 옷감을 2~3시간 정도 담급니다.
2. 세탁기에서 살짝 탈수한 뒤에 옷감을 탁탁 쳐서 펴고 옷감 안쪽이 겉으로 오도록 하여 그늘에서 말립니다.
3. 덜 마른 상태에서 옷감의 올을 똑바로 정리한 뒤에 올 방향을 따라 다림질을 합니다.

※워싱 소재일 때는 선세탁을 할 필요가 없습니다.

실물 크기 옷본 사용법

● 옮겨 그리는 법

실물 크기 옷본 위에 패턴지 등 비치는 종이를 겹치고, 자를 사용하여 정확하게 옮겨 그립니다. 주머니 위치, 맞춤 표시, 주름 위치 등도 잊지 말고 옮기세요. 잘 비치지 않는 종이일 대는 초크 페이퍼를 사이에 끼우고 소프트 룰렛을 선을 따라 굴려서 옮겨 그립니다.

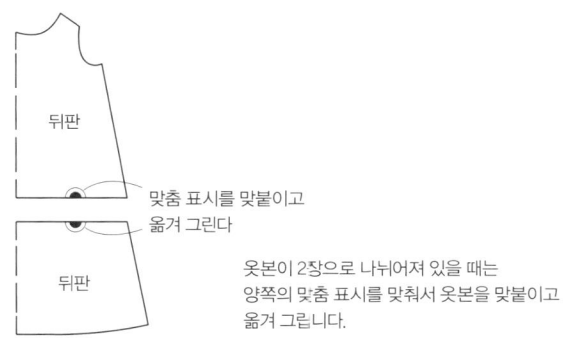

옷본이 2장으로 나누어져 있을 때는
양쪽의 맞춤 표시를 맞춰서 옷본을 맞붙이고
옮겨 그립니다.

● 시접 그리는 법

실물 크기 옷본에는 시접이 포함되지 않았습니다. 작품의 만드는 법 페이지에서 마름질하는 법 그림을 참조하여 필요한 시접을 두어 옷감을 마름질하세요.

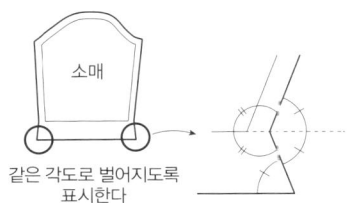

바느질법 기초

● 쌈솔

겉끼리 맞대고 박은 뒤에 시접 중 한 장을 반으로 자르고, 남은 시접으로 싸서 한쪽으로 넘기고 접음선을 스티치하는 방법입니다. 어깨선, 소매·몸판·스커트의 옆선을 이 방법으로 박습니다. 시접을 넘기는 방향은 모두 뒤쪽(몸판 뒤판, 스커트 뒤판, 뒤쪽 소매)입니다.

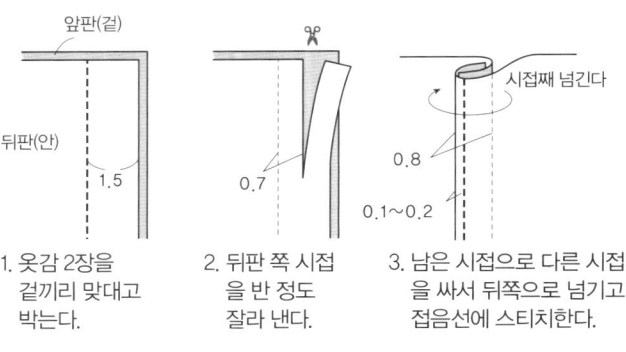

1. 옷감 2장을 겉끼리 맞대고 박는다.

2. 뒤판 쪽 시접을 반 정도 잘라 낸다.

3. 남은 시접으로 다른 시접을 싸서 뒤쪽으로 넘기고 접음선에 스티치한다.

● 단추용 고리 만드는 법

바이어스감을 원통 모양이 되도록 접어서 박은 뒤에 겉으로 뒤집어서 만듭니다. 고리가 여러 개 필요할 때는 길게 만들어서 필요한 길이로 잘라서 씁니다.

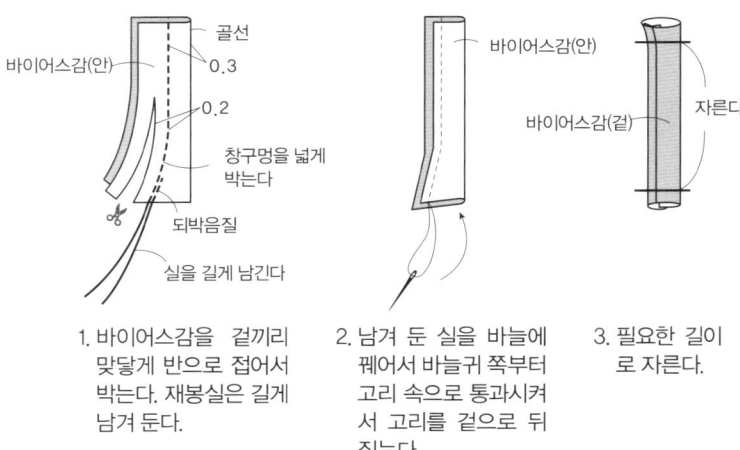

1. 바이어스감을 겉끼리 맞닿게 반으로 접어서 박는다. 재봉실은 길게 남겨 둔다.

2. 남겨 둔 실을 바늘에 꿰어서 바늘귀 쪽부터 고리 속으로 통과시켜서 고리를 겉으로 뒤집는다.

3. 필요한 길이로 자른다.

진동둘레를 파이핑으로 처리하는 방법

진동둘레는 한 번 겉끼리 맞대고 박은 뒤에 시접을 파이핑으로 싸 줍니다. 시접은 1.5cm로 넉넉하게 두고 0.8cm 파이핑으로 처리합니다. 허릿단이 없는 타입의 스커트도 같은 방법으로 처리합니다. 파이핑 이음매는 눈에 띄지 않도록 옆선 근처의 뒤쪽에 오도록 합니다.

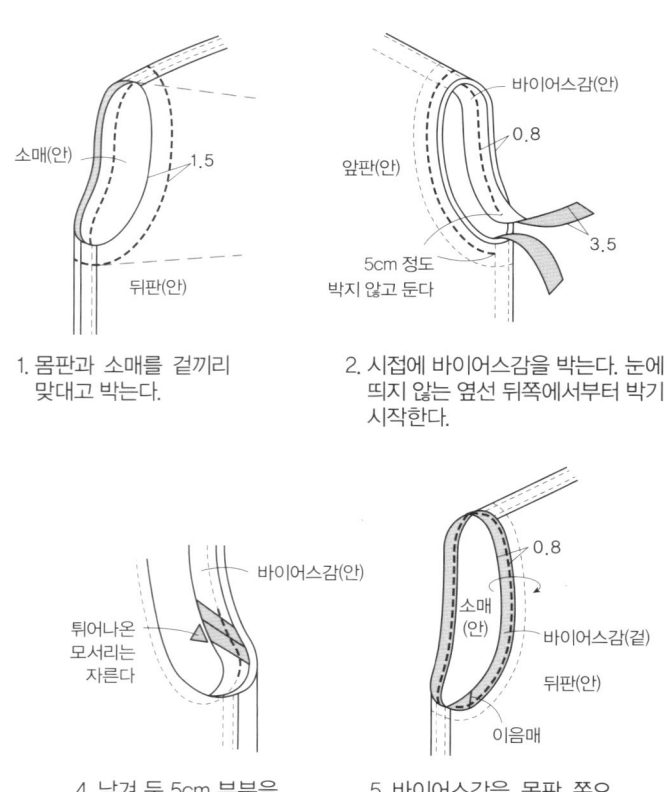

1. 몸판과 소매를 겉끼리 맞대고 박는다.

2. 시접에 바이어스감을 박는다. 눈에 띄지 않는 옆선 뒤쪽에서부터 박기 시작한다.

3. 바이어스감을 45도 각도로 맞붙여서 접은 금을 내고 필요 없는 부분을 자른다. 바이어스감 끝을 겉끼리 맞대고 박아서 잇는다.

4. 남겨 둔 5cm 부분을 박는다.

5. 바이어스감을 몸판 쪽으로 접어서 넘기고 시접을 싸서 스티치한다.

주름 잡는 법

몸판과 스커트를 이을 경우에는 양쪽을 각각 4등분하여 맞춤 표시를 해 두고 스커트를 몸판에 맞춥니다. 소매나 목둘레선의 주름은 실물 크기 옷본의 표기를 따릅니다.

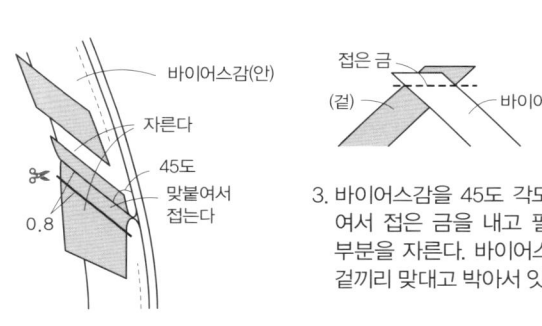
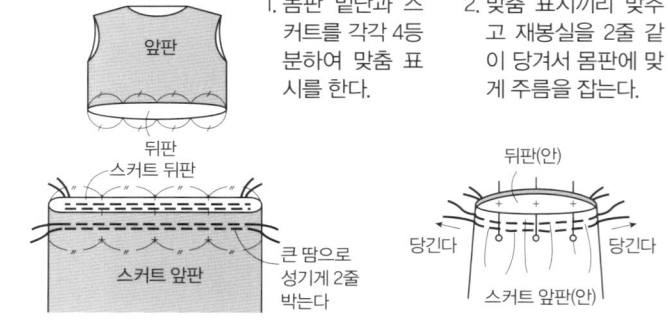

1. 몸판 밑단과 스커트를 각각 4등분하여 맞춤 표시를 한다.

2. 맞춤 표시끼리 맞추고 재봉실을 2줄 같이 당겨서 몸판에 맞게 주름을 잡는다.

슬래시 트임을 파이핑하는 법

목둘레, 진동둘레 등에 가위집을 넣고 트임을 파이핑으로 처리하는 방법입니다. 소맷부리는 트임이 작은 방법으로 처리합니다. 목둘레 트임은 디자인 포인트로 하고 싶은 경우라면 트임이 큰 방법으로 처리합니다.

● 작은 트임

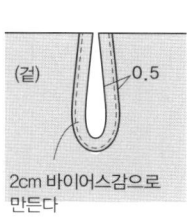 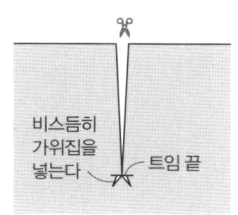 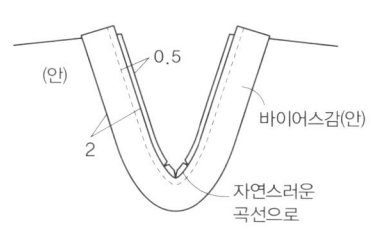 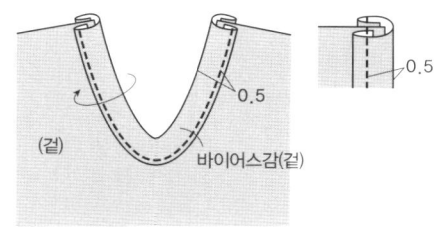

1. 트임 끝까지 가위집을 넣고 화살깃 모양으로 비스듬하게 두 군데에 가위집(0.5cm 파이핑일 때는 0.3~0.4cm정도, 1cm 파이핑일 때는 0.8~0.9cm 정도)을 넣는다.

2. 옷감 가장자리를 따라서 바이어스감을 박는다.

3. 바이어스감을 겉쪽으로 접어서 넘기고 시접을 싸서 스티치 한다.

● 큰 트임

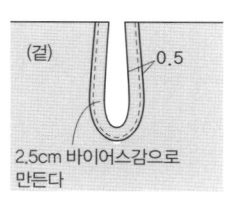 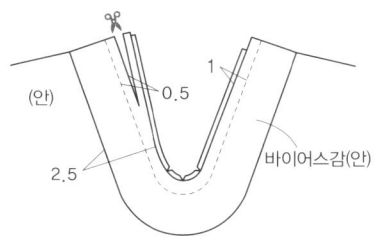

1. 같은 방법으로 가위집을 넣고 바이어스감을 박은 뒤에 시접을 0.5㎝로 자른다.

바이어스감

● 바이어스감 길이

이 책에서는 바이어스감을 좀 길게 계산했습니다. P.34에서 진동둘레를 처리할 때는 바이어스감끼리 이어서 진동둘레와 딱 맞는 길이로 하고 남는 부분은 잘라 냅니다.

● 바이어스감 고르는 법

두꺼운 옷감으로 옷을 만들 때는 같은 옷감을 사용하면 시접을 싸기 힘드니까 조금 얇은 다른 옷감을 사용합니다. 시판 바이어스테이프를 사용해도 괜찮습니다.

주머니 다는 법

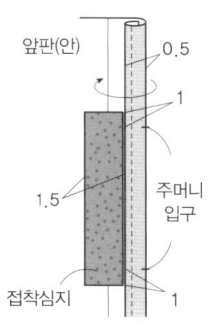

1. 몸판(또는 스커트) 옆선을 두 번 접어서 박고, 몸판 앞판(또는 스커트 앞판)의 주머니 입구에 접착심지를 붙인다.

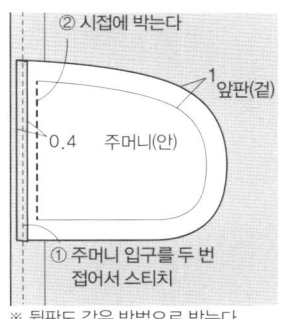

※ 뒷판도 같은 방법으로 박는다.

2. 주머니 입구를 두 번 접어서 스티치하고 옆선 시접에 주머니를 박는다.

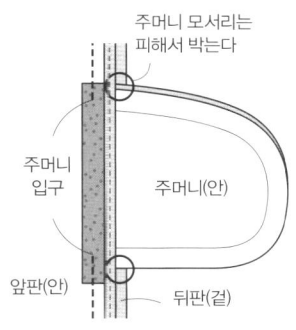

3. 몸판 앞판과 뒤판(또는 스커트 앞판과 스커트 뒤판)을 겉끼리 맞대고, 주머니 입구를 남기고 옆선을 박는다.

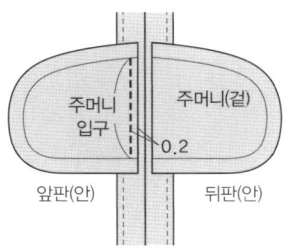

4. 주머니를 좌우로 벌리고 몸판 앞판(또는 스커트 앞판)과 함께 주머니 입구를 박는다.

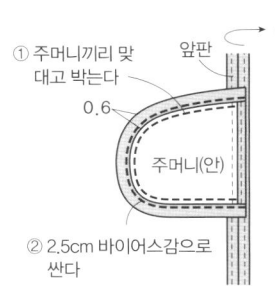

5. 주머니끼리 겉을 맞대어 박고 시접을 파이핑으로 처리한다.

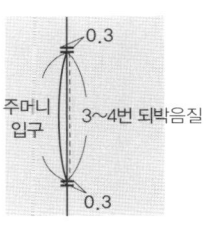

6. 주머니 입구에 빗장박기를 한다.

a 오픈 칼라 원피스

과하지 않은 오픈 칼라가 귀여운 반소매 원피스입니다.

● 완성 치수

S   가슴둘레 83cm   전체 길이 123.5cm
M   가슴둘레 87cm   전체 길이 125cm
L   가슴둘레 91cm   전체 길이 126.5cm

● 실물 크기 옷본

A면   a 앞판   a 뒤판   a 옷깃
      a 소매   a 주머니

● 재료

겉감 : 리넨(밝은 회청색) ⋯110cm 폭   S 4.4m
                                 M 4.5m
                      140cm 폭   L 4.5m

접착심지 ⋯ 55cm×110cm(앞판 안단, 안깃, 주머니 입구)
지름 1.2cm 단추 ⋯ 12개

● 만드는 순서

1. 앞판 안단 가장자리를 두 번 접어서 스티치한다.
2. 옆선 시접을 두 번 접어서 스티치한다.
3. 어깨선을 쌈솔로 박는다.
4. 옆선을 주머니를 달면서 박는다.
5. 옷깃을 만들어서 단다.
6. 소매를 만들어서 단다.
7. 밑단을 두 번 접어서 스티치한다.
8. 단춧구멍을 만들고 단추를 단다.

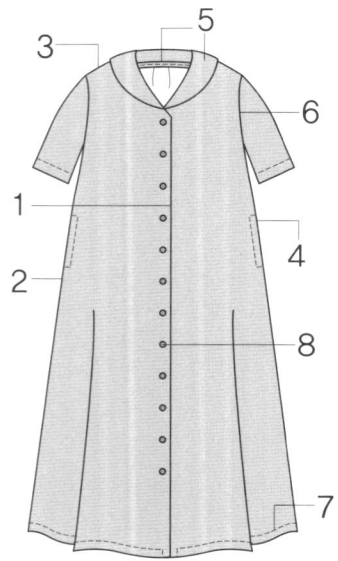

● 옷감을 마름질하는 법

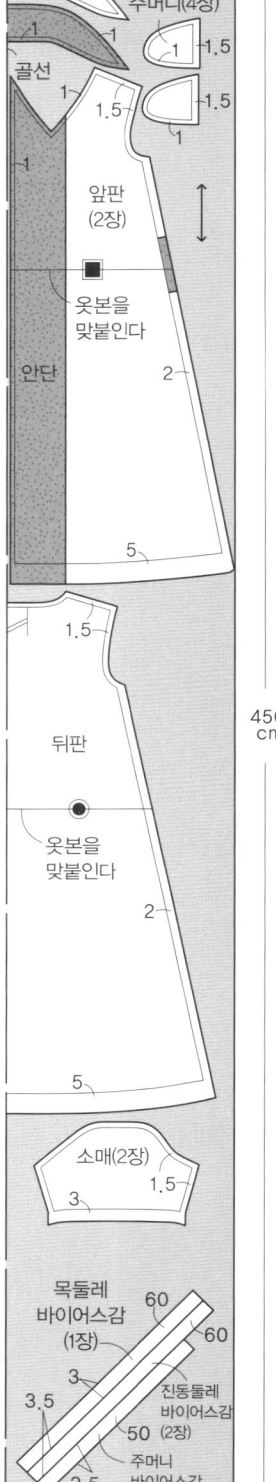

450 cm

110cm 폭

1 앞판 안단 가장자리를
  두 번 접어서 스티치한다.

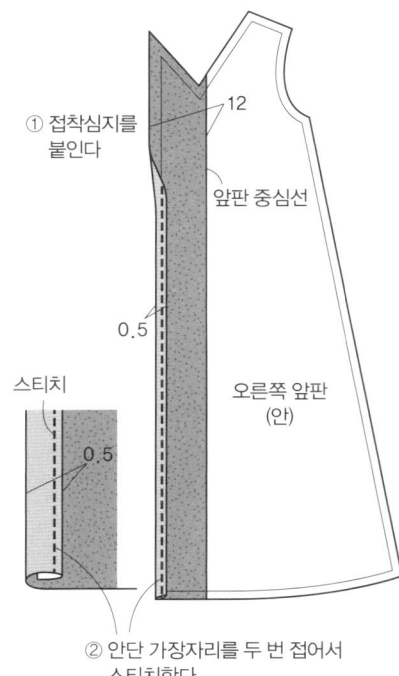

① 접착심지를 붙인다

12

앞판 중심선

0.5

스티치

0.5

오른쪽 앞판 (안)

② 안단 가장자리를 두 번 접어서
   스티치한다
※ 왼쪽 앞판도 같은 방법으로 박는다

2 옆선 시접을 두 번 접어서
  스티치한다.

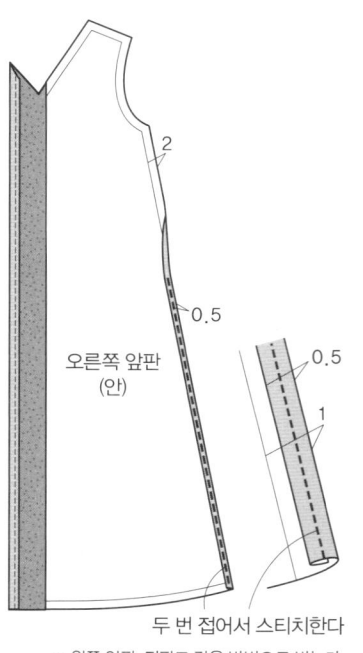

2

0.5

0.5

1

오른쪽 앞판 (안)

두 번 접어서 스티치한다

※ 왼쪽 앞판, 뒤판도 같은 방법으로 박는다

※ 마름질하는 법 그림은 M 사이즈 기준
※ ▨는 접착심지를 붙인다

3 어깨선을 쌈솔로 박는다.

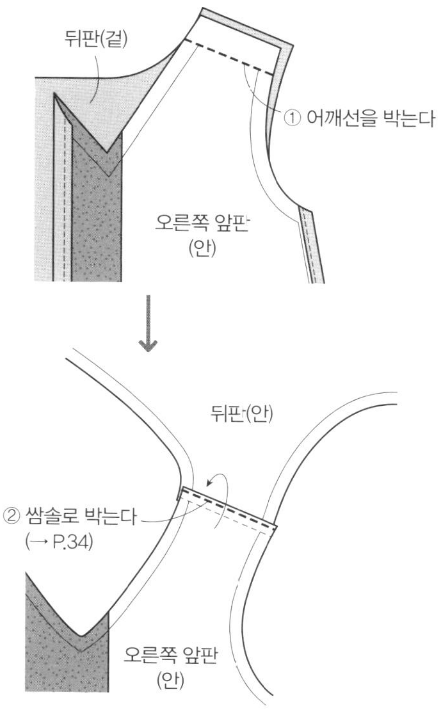

뒤판(겉)

① 어깨선을 박는다

오른쪽 앞판
(안)

뒤판(안)

② 쌈솔로 박는다
(→ P.34)

오른쪽 앞판
(안)

※ 왼쪽 앞판과 뒤판도 같은
방법으로 박는다

4 옆선을 주머니를 달면서 박는다.

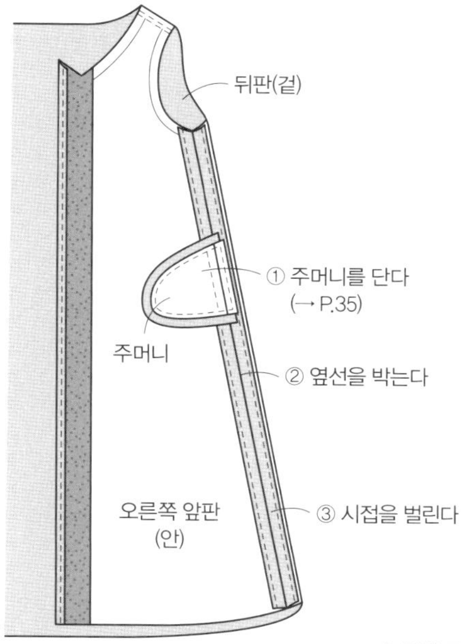

뒤판(겉)

① 주머니를 단다
(→ P.35)

주머니

② 옆선을 박는다

오른쪽 앞판
(안)

③ 시접을 벌린다

※ 왼쪽 앞판도 같은 방법으로 박는다

⑤ 소맷부리를 두 번 접어서
스티치한다

소매(안)

2

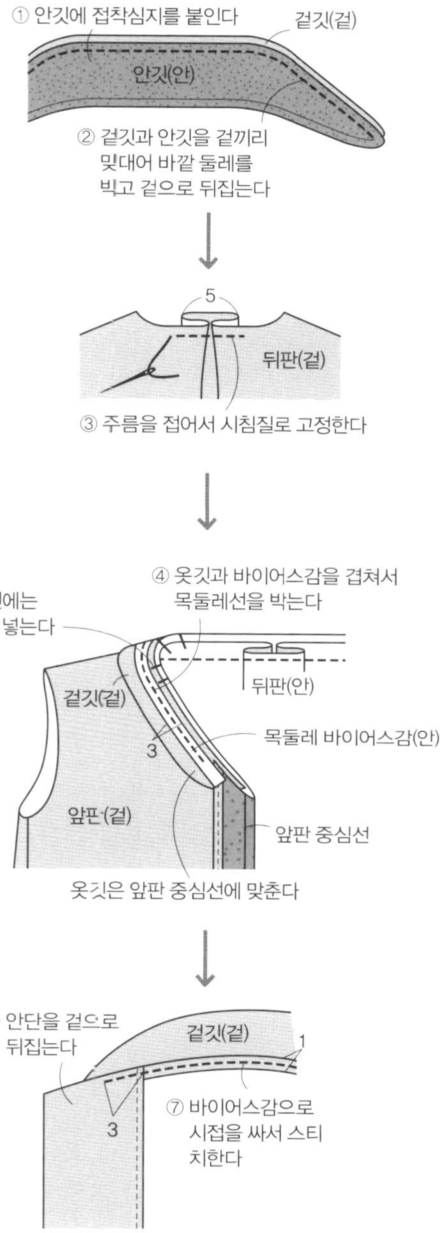

6 소매를 만들어서 단다.

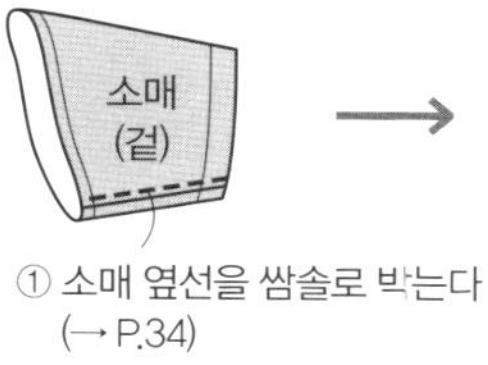

소매
(겉)

① 소매 옆선을 쌈솔로 박는다
(→ P.34)

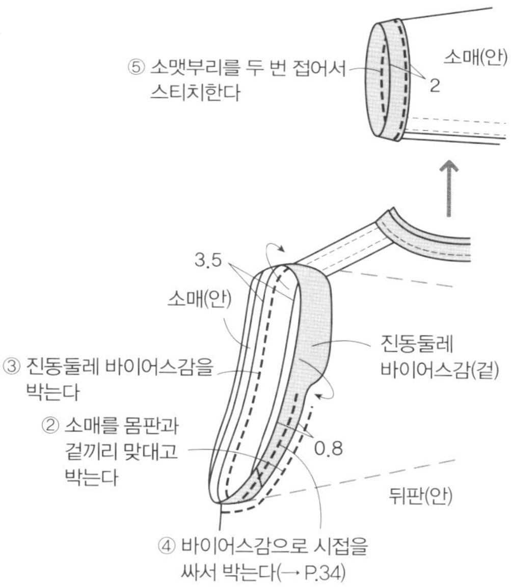

3.5

소매(안)

③ 진동둘레 바이어스감을
박는다

② 소매를 몸판과
겉끼리 맞대고
박는다

진동둘레
바이어스감(겉)

0.8

뒤판(안)

④ 바이어스감으로 시접을
싸서 박는다(→ P.34)

5 옷깃을 만들어서 단다.

① 안깃에 접착심지를 붙인다

겉깃(겉)

안깃(안)

② 겉깃과 안깃을 겉끼리
맞대어 바깥 둘레를
박고 겉으로 뒤집는다

5

뒤판(겉)

③ 주름을 접어서 시침질로 고정한다

④ 옷깃과 바이어스감을 겹쳐서
목둘레선을 박는다

⑤ 급한 곡선에는
가위집을 넣는다

뒤판(안)

겉깃(겉)

목둘레 바이어스감(안)

3

앞판(겉)

앞판 중심선

옷깃은 앞판 중심선에 맞춘다

⑥ 안단을 겉으로
뒤집는다

겉깃(겉)

1

3

⑦ 바이어스감으로
시접을 싸서 스티
치한다

7 밑단을 두 번 접어서 스티치한다.

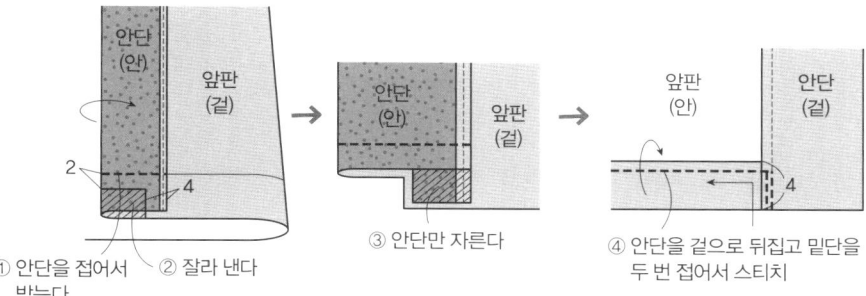

안단
(안)

앞판
(겉)

2

4

① 안단을 접어서
박는다

② 잘라 낸다

안단
(안)

앞판
(겉)

③ 안단만 자른다

앞판
(안)

안단
(겉)

4

④ 안단을 겉으로 뒤집고 밑단을
두 번 접어서 스티치

8 단춧구멍을 만들고 단추를 단다.

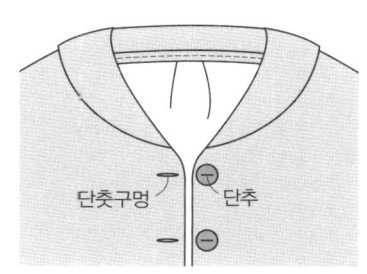

단춧구멍

단추

b 남색 앞단추 원피스

슬리브리스 스타일로 간단하게 만들 수 있는 원피스에 단추와 주머니를 달았습니다.

● 완성 치수

S 가슴둘레 91cm 전체 길이 123.5cm
M 가슴둘레 95cm 전체 길이 125cm
L 가슴둘레 99cm 전체 길이 126.5cm

● 실물 크기 옷본

A면 b 앞판 b 뒤판 b 주머니

● 재료

겉감 : 리넨(남색) … 140cm 폭 S 2.7m
M 2.8m
L 2.9m

접착심지 … 20cm×110cm(앞판 안단)

지름 0.9cm 단추 … 14개

● 만드는 순서

1. 앞쪽 목둘레의 주름을 접는다.
2. 주머니를 단다.
3. 어깨선과 옆선을 쌈솔로 박는다.
4. 목둘레선을 바이어스감으로 처리한다.
5. 진동둘레를 바이어스감으로 처리한다
6. 밑단을 두 번 접어서 스티치한다.
7. 단춧구멍을 만들고 단추를 단다.

● 옷감을 마름질하는 법

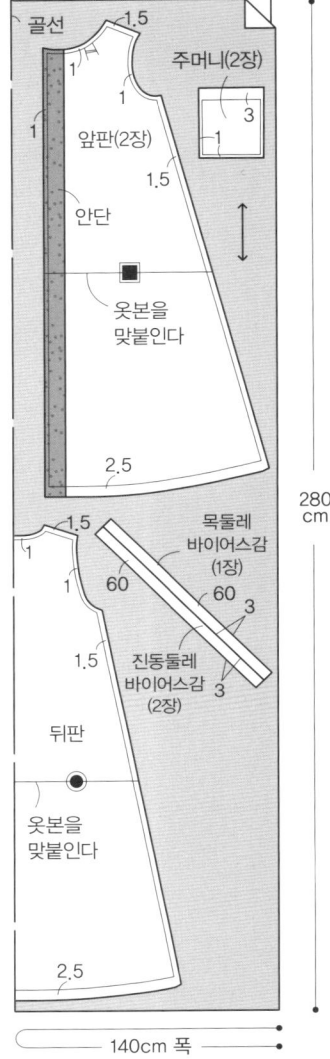

※ 마름질하는 법 그림은 M 사이즈 기준
※ ▨ 는 접착심지를 붙인다

1 앞쪽 목둘레의 주름을 접는다.

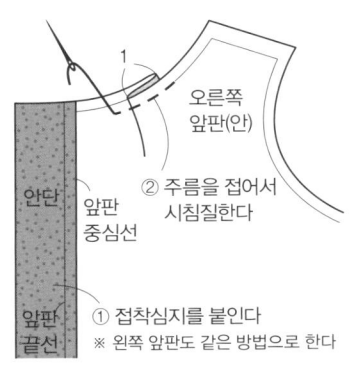

① 접착심지를 붙인다
② 주름을 접어서 시침질한다
※ 왼쪽 앞판도 같은 방법으로 한다

2 주머니를 단다.

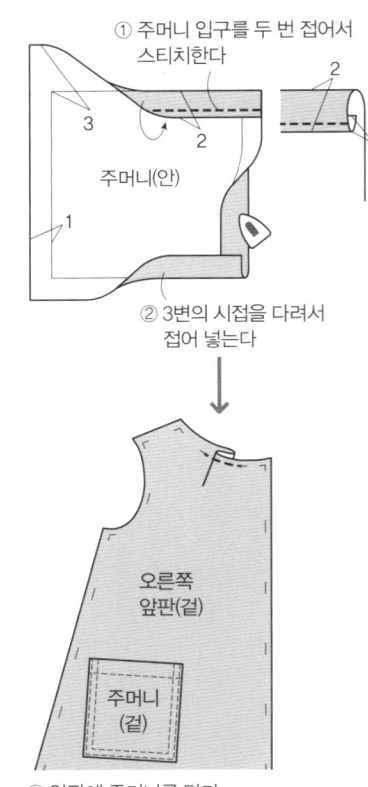

① 주머니 입구를 두 번 접어서 스티치한다
② 3변의 시접을 다려서 접어 넣는다
③ 앞판에 주머니를 단다
※ 왼쪽 앞판도 같은 방법으로 박는다

3 어깨선과 옆선을 쌈솔로 박는다(→P.34).

② 시접을 자른다

0.7

① 어깨선과 옆선을
박는다

앞판(겉)

뒤판(안)

0.7

② 시접을 자른다

어깨선

앞판(안)

뒤판(안)

③ 시접을 싸서 뒤판
쪽으로 넘기고
스티치한다

옆선

뒤판(안)

앞판(겉)

4 목둘레선을 바이어스감으로 처리한다.

앞판(겉)

1

7

3

① 안단 가장자리를 한 번 접어서
위쪽만 스티치한다

급한 곡선에는
가위집을 넣는다

앞판(겉)

② 앞쪽 앞단을
접는다

③ 목둘레 타이어스감을
박는다

1

3

목둘레
바이어스감(안)

3

5 진동둘레를 바이어스감으로 처리한다.

① 바이어스감을 박는다

뒤판(안)

1

3

앞판(겉)

진동둘레
바이어스감(안)

뒤판(안)

1

0.1 들어가게 한다

앞판(겉)

② 바이어스감을 안쪽으로
접어서 넘기고 시접을
접어 넣고 스티치한다

바이어스감(겉)

0.1 들어가게 한다

1

앞판
끝선까지
박는다

7

2 겹쳐서
박는다

④ 바이어스감을 안쪽으로 접어서 넘기고
시접을 접어 넣고 스티치한다

⑤ 안단을 겉으로 뒤집고 앞트임을
두 번 접어서 스티치한다

6 밑단을 두 번 접어서 스티치한다.

1.5

1

앞판(안)

뒤판(안)

7 단춧구멍을 만들고 단추를 단다.

단춧구멍

단추

39

C 슬리브리스 목주름 원피스

뒤트임에 단추를 달고 목둘레선에 주름을 잡아 깔끔하게 파이핑 처리하여 여름에 입기 좋은 원피스입니다.

● 완성 치수

S 가슴둘레 96cm 전체 길이 123.5cm
M 가슴둘레 100cm 전체 길이 125cm
L 가슴둘레 104cm 전체 길이 126.5cm

● 실물 크기 옷본

B면 c 앞판 c 뒤판

● 재료

겉감 : 리넨(오프화이트 스트라이프 무늬) … 140cm 폭 S 2.8m
M 2.9m
L 3m

지름 1cm 단추 … 1개

● 만드는 순서

1. 뒤트임을 파이핑으로 처리한다.
2. 어깨선과 옆선을 쌈솔로 박는다(→ P.34).
3. 목둘레에 주름을 잡아서 파이핑으로 처리하고 고리를 단다.
4. 진동둘레를 바이어스감으로 처리한다.
5. 밑단을 두 번 접어서 스티치한다.
6. 단추를 단다.

● 옷감을 마름질하는 법

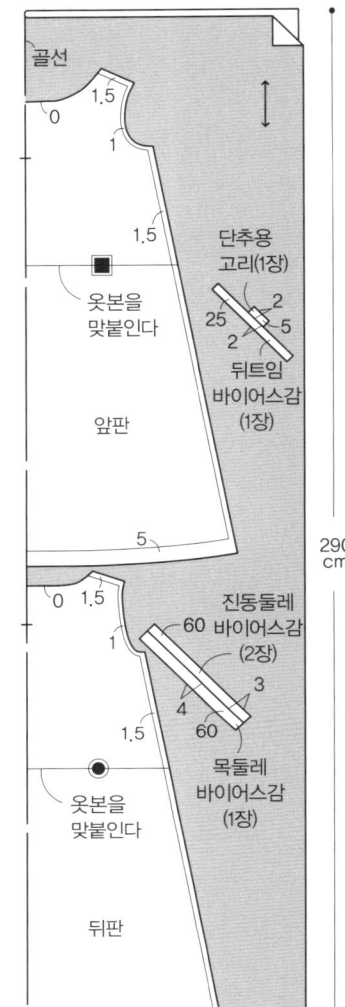

골선

1.5
0
1

1.5

단추용
고리(1장)
2
25   5
2

옷본을
맞붙인다

뒤트임
바이어스감
(1장)

앞판

5

0 1.5
1

진동둘레
60 바이어스감
(2장)
3
4
60
1.5

옷본을
맞붙인다

목둘레
바이어스감
(1장)

뒤판

5

290
cm

← 140cm 폭 →

※ 마름질하는 법 그림은 M 사이즈 기준

1 뒤트임을 파이핑으로 처리한다(→ P.35).

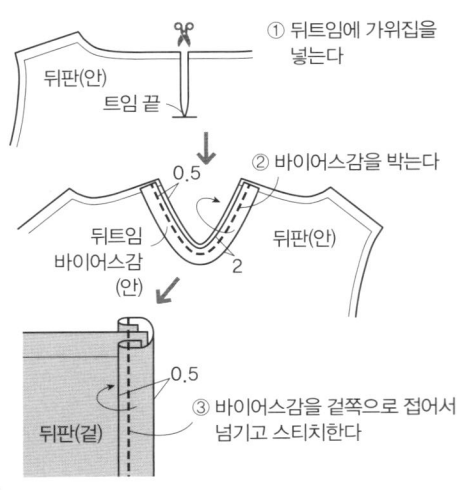

① 뒤트임에 가위집을
넣는다

뒤판(안)

트임 끝

0.5

② 바이어스감을 박는다

뒤트임
바이어스감
(안)

2

0.5

뒤판(겉)

③ 바이어스감을 겉쪽으로 접어서
넘기고 스티치한다

2 어깨선과 옆선을 쌈솔로 박는다(→ P.34).

3 목둘레에 주름을 잡아서 파이핑으로
처리하고 고리를 단다.

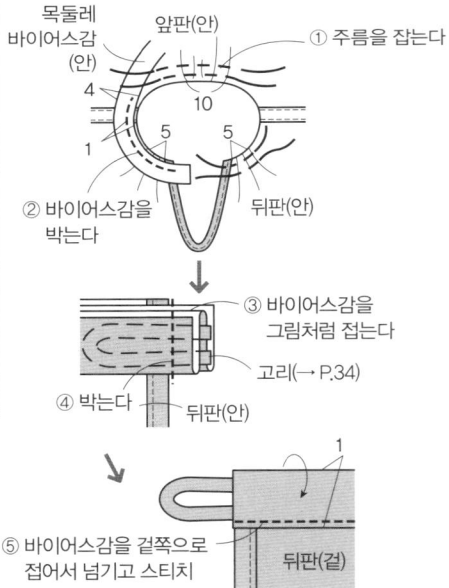

목둘레
바이어스감
(안)

앞판(안)

① 주름을 잡는다

4
1
10
5   5

② 바이어스감을
박는다

뒤판(안)

③ 바이어스감을
그림처럼 접는다

고리(→ P.34)

④ 박는다

뒤판(안)

⑤ 바이어스감을 겉쪽으로
접어서 넘기고 스티치

1

뒤판(겉)

4 진동둘레를 바이어스감으로
처리한다.

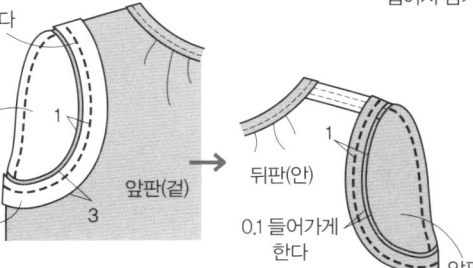

① 바이어스감을 박는다

뒤판(안)

1

앞판(겉)

진동둘레
바이어스감(안)

3

뒤판(안)

1

0.1 들어가게
한다

앞판(겉)

② 바이어스감을 안쪽으로
접어서 넘기고 시접을
접어 넣고 스티치한다

5 밑단을 두 번 접어서
스티치한다.

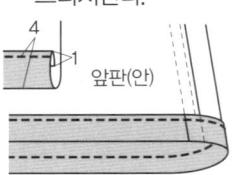

4
1

앞판(안)

6 단추를 단다.

g 리본 조끼

블라우스나 티셔츠, 원피스 위에 레이어드해서 입기 편한 조끼입니다. 앞치마처럼 입어도 됩니다.

● 완성 치수

S 가슴둘레 92cm 전체 길이 61cm
M 가슴둘레 96cm 전체 길이 62cm
L 가슴둘레 100cm 전체 길이 63cm

● 실물 크기 옷본

B면 g 앞판 g 뒤판

● 재료

겉감 : 리넨(청록) … 110cm 폭 S 2.4m
 M 2.5m
 L 2.6m

● 만드는 순서

1. 뒤트임을 파이핑으로 처리한다.
2. 어깨선과 옆선을 쌈솔로 박는다(→ P.34).
3. 목둘레선을 파이핑으로 처리한다.
4. 진동둘레를 파이핑으로 처리한다.
5. 밑단을 두 번 접어서 스티치한다.

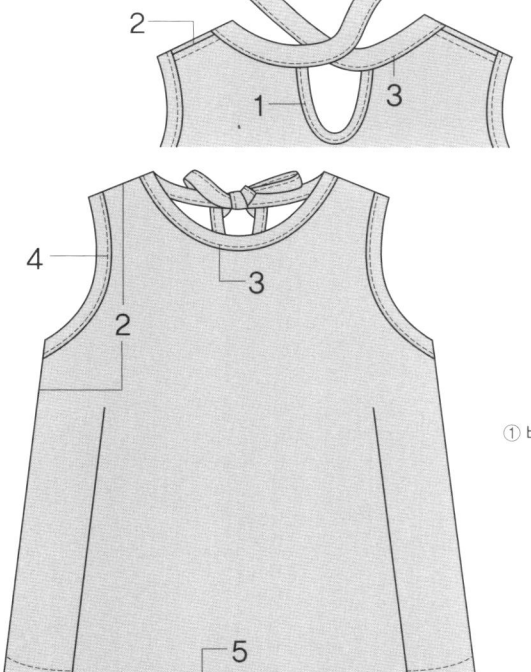

● 옷감을 마름질하는 법

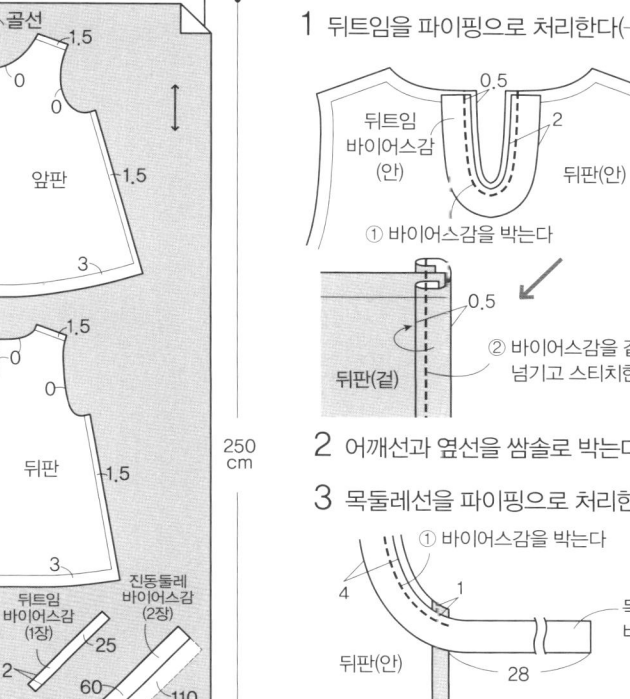

골선
1.5
0
앞판
1.5
0
0
1.5
뒤판
1.5
3
뒤트임
바이어스감
(1장)
25
2
60
4
목둘레
바이어스감(1장)
진동둘레
바이어스감
(2장)
110
4
250cm

← 110cm 폭 →

※ 마름질하는 법 그림은 M 사이즈 기준

1 뒤트임을 파이핑으로 처리한다(→ P.35).

0.5
뒤트임
바이어스감
(안)
2
뒤판(안)
① 바이어스감을 박는다
0.5
뒤판(겉)
② 바이어스감을 겉쪽으로 접어서 넘기고 스티치한다

2 어깨선과 옆선을 쌈솔로 박는다(→ P.34).

3 목둘레선을 파이핑으로 처리한다.

① 바이어스감을 박는다
4
1
뒤판(안)
28
목둘레
바이어스감(안)
④ 계속해서 파이핑을 박는다

0.5
1
② 끈 끝을 그림처럼 4겹이 되도록 접어서 박는다
③ 겉으로 뒤집어서 스티치
뒤판(겉)

4 진동둘레를 파이핑으로 처리한다.

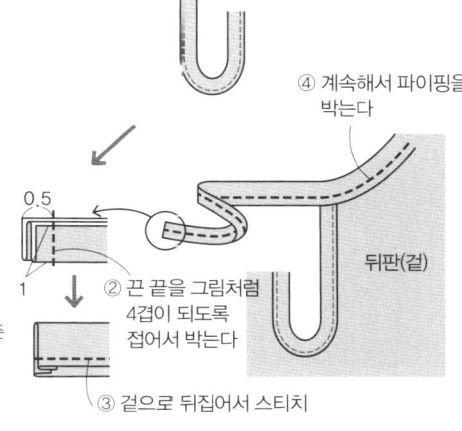

① 바이어스감을 박는다
4
1
뒤판(안)
앞판(겉)
진동둘레 바이어스감(안) →

앞판(겉)
1
뒤판(안)
② 바이어스감으로 시접을 싸서 스티치한다

5 밑단을 두 번 접어서 스티치한다.

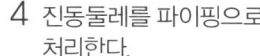

2
1
앞판(안)

d 긴소매 목주름 원피스

작품 c 슬리브리스 목주름 원피스 스타일에 소맷부리에 주름을 넣은 긴 소매를 달았습니다.
우유빛 컬러의 부드러운 느낌이 나는 원피스입니다.

● 완성 치수

S 가슴둘레 101cm   전체 길이 124cm
M 가슴둘레 105cm   전체 길이 125.5cm
L 가슴둘레 109cm   전체 길이 127cm

● 실물 크기 옷본

B면 d 앞판   d 뒤판   d 소매   d 커프스

● 재료

겉감 : 리넨(오프화이트) … 140cm 폭   S 3.4m
                                    M 3.5m
                                    L 3.6m

지름 0.9cm 단추 … 2개

● 만드는 순서

1. 뒤트임을 파이핑으로 처리한다.
2. 어깨선과 옆선을 쌈솔로 박는다.
3. 목둘레선을 파이핑으로 처리한다.
4. 소매 트임을 파이핑으로 처리하고 소매 옆선을 쌈솔로 박는다.
5. 소맷부리를 파이핑으로 처리하고 소매를 몸판에 단다.
6. 밑단을 두 번 접어서 스티치한다.
7. 단추를 단다.

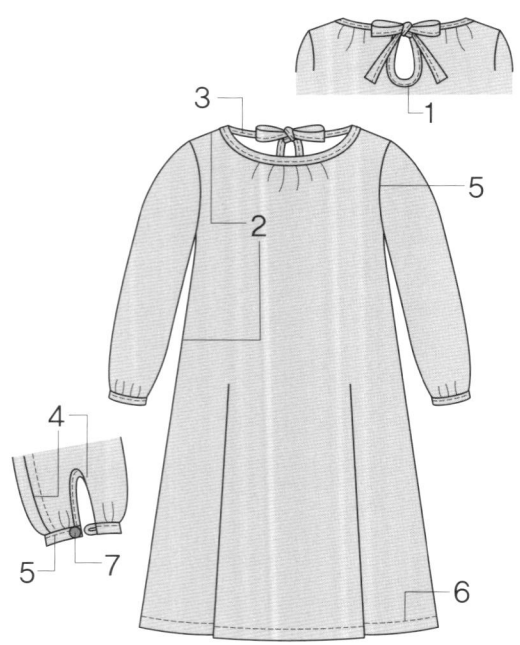

● 옷감을 마름질하는 법

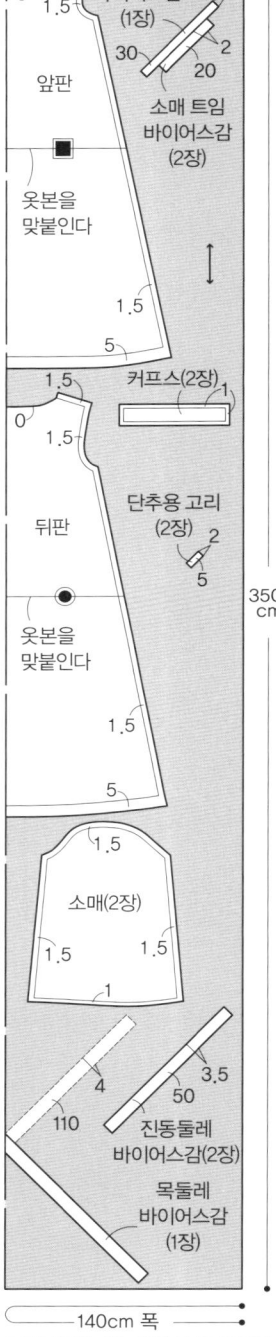

※ 마름질하는 법 그림은 M 사이즈 기준

1 뒤트임을 파이핑으로 처리한다(→P.34).

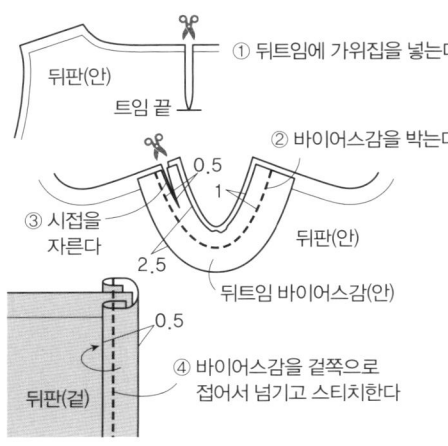

2 어깨선과 옆선을 쌈솔로 박는다(→ P.34).

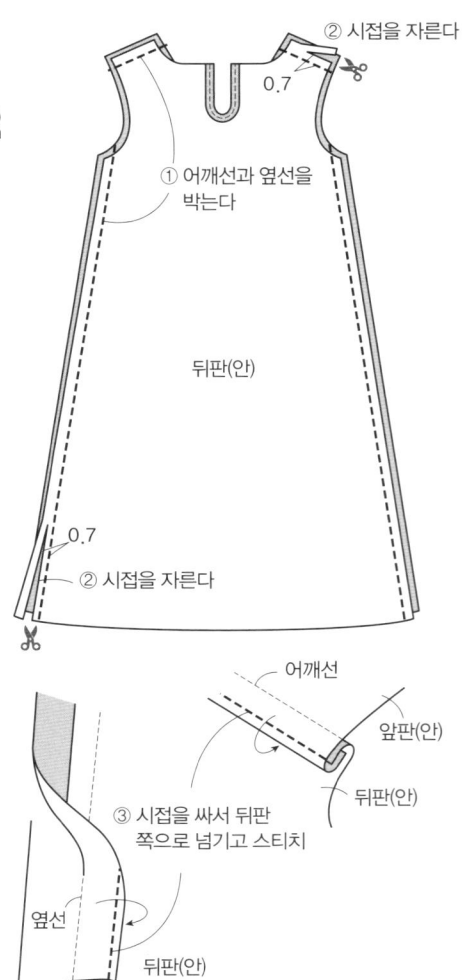

3 목둘레선을 파이핑으로 처리한다.

목둘레 바이어스감(안) 앞판(안)

① 주름을 잡는다

4

7

3.5 3.5

1

② 바이어스감을 박는다

뒤판(안)

28

⑤ 계속해서 파이핑을 박는다

0.5

1

③ 끈 끝을 그림처럼 4겹이 되게 접어서 박는다

④ 겉으로 뒤집어서 스티치

4 소매 트임을 파이핑으로 처리하고(→ P.35) 소매 옆선을 쌈솔로 박는다.

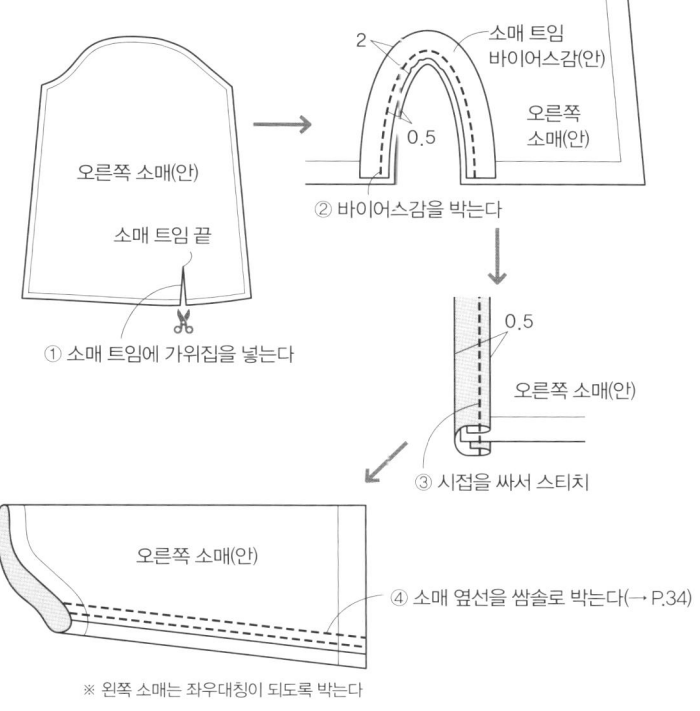

오른쪽 소매(안)

소매 트임 끝

① 소매 트임에 가위집을 넣는다

2

소매 트임 바이어스감(안)

0.5

오른쪽 소매(안)

② 바이어스감을 박는다

0.5

오른쪽 소매(안)

③ 시접을 싸서 스티치

오른쪽 소매(안)

④ 소매 옆선을 쌈솔로 박는다(→ P.34)

※ 왼쪽 소매는 좌우대칭이 되도록 박는다

5 소맷부리를 파이핑으로 처리하고 소매를 몸판에 단다.

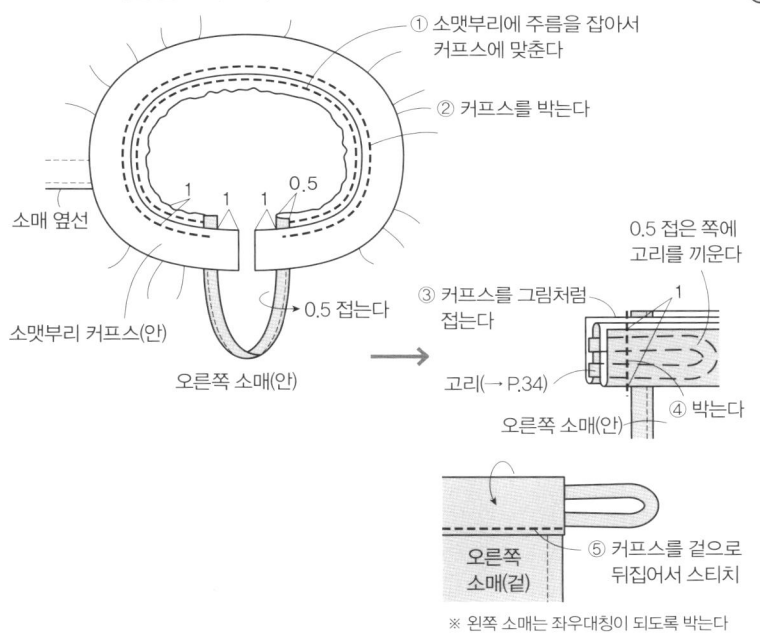

① 소맷부리에 주름을 잡아서 커프스에 맞춘다

② 커프스를 박는다

1 1 1 0.5

소매 옆선

소맷부리 커프스(안)

0.5 접는다

오른쪽 소매(안)

0.5 접은 쪽에 고리를 끼운다

1

③ 커프스를 그림처럼 접는다

고리(→ P.34)

④ 박는다

오른쪽 소매(안)

오른쪽 소매(겉)

⑤ 커프스를 겉으로 뒤집어서 스티치

※ 왼쪽 소매는 좌우대칭이 되도록 박는다

소매(안)

⑦ 진동둘레 바이어스감을 박는다

3.5

진동둘레 바이어스감(겉)

⑥ 소매를 몸판과 겉끼리 맞대고 박는다

0.8

뒤판(안)

⑧ 바이어스감으로 시접을 싸서 박는다

6 밑단을 두 번 접어서 스티치한다.

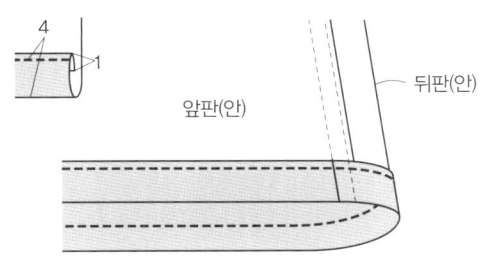

4

1

앞판(안)

뒤판(안)

7 단추를 단다.

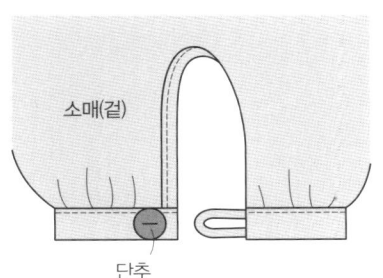

소매(겉)

단추

e 긴소매 허리 스트링 원피스

스커트에 주름을 잡아 허릿단을 달고 스트링을 끼워 리본 모양으로 묶은 단정한 느낌의 원피스입니다.

● 완성 치수

S 가슴둘레 90cm 전체 길이 122.5cm

M 가슴둘레 94cm 전체 길이 124cm

L 가슴둘레 98cm 전체 길이 125.5cm

● 실물 크기 옷본

A면 e 앞판 e 뒤판 e 소매

● 재료

겉감 : 리넨(스트로베리) … 140cm 폭 S 3.7m
　　　　　　　　　　　　　　　M 3.8m
　　　　　　　　　　　　　　　L 4m

접착심지 … 20cm×60cm(앞판 안단)

지름 0.9cm 단추 … 5개

● 만드는 순서

1. 앞판 안단 가장자리를 두 번 접어서 스티치한다.

2. 다트를 박는다.

3. 어깨선과 옆선을 쌈솔로 박는다.

4. 목둘레선을 바이어스감으로 처리한다.

5. 소매를 만들어서 단다.

6. 스커트 양 옆선을 쌈솔로 박고 몸판과 잇는다.

7. 밑단을 두 번 접어서 스티치한다.

8. 허리 스트링을 만들어서 끼운다.

9. 단춧구멍을 만들고 단추를 단다.

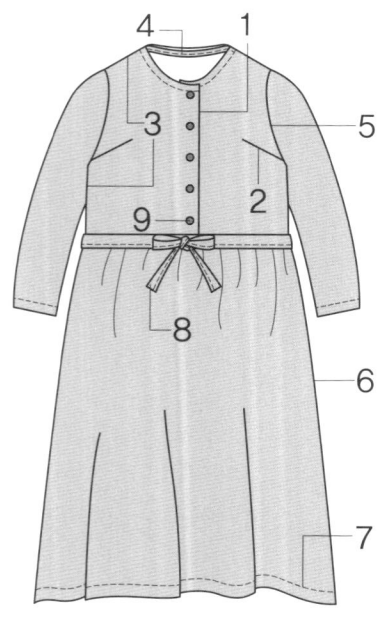

● 옷감을 마름질하는 법

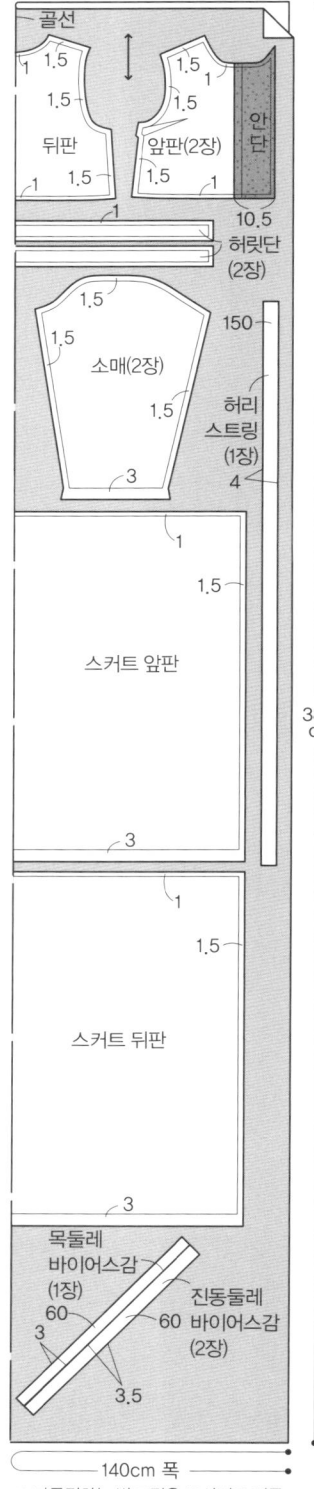

※ 마름질하는 법 그림은 M 사이즈 기준

※ ▨▨는 접착심지를 붙인다

● 제도

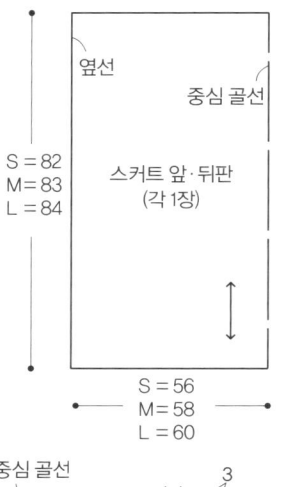

S = 82
M = 83
L = 84

스커트 앞·뒤판
(각 1장)

옆선

중심 골선

S = 56
M = 58
L = 60

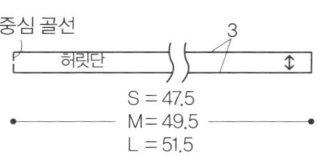

중심 골선

허릿단

3

S = 47.5
M = 49.5
L = 51.5

1 앞판 안단 가장자리를 두 번 접어서 스티치한다.

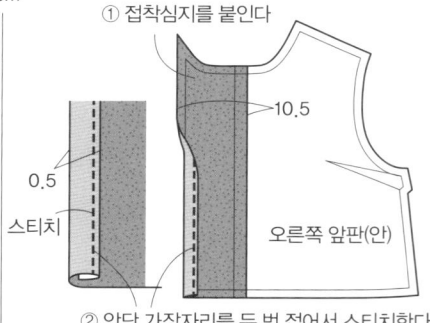

① 접착심지를 붙인다

10.5

0.5

스티치

오른쪽 앞판(안)

② 안단 가장자리를 두 번 접어서 스티치한다

※ 왼쪽 앞판도 같은 방법으로 박는다

2 다트를 박는다.

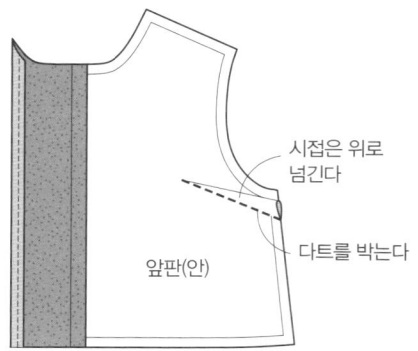

시접은 위로 넘긴다

다트를 박는다

앞판(안)

※ 왼쪽 앞판도 같은 방법으로 박는다

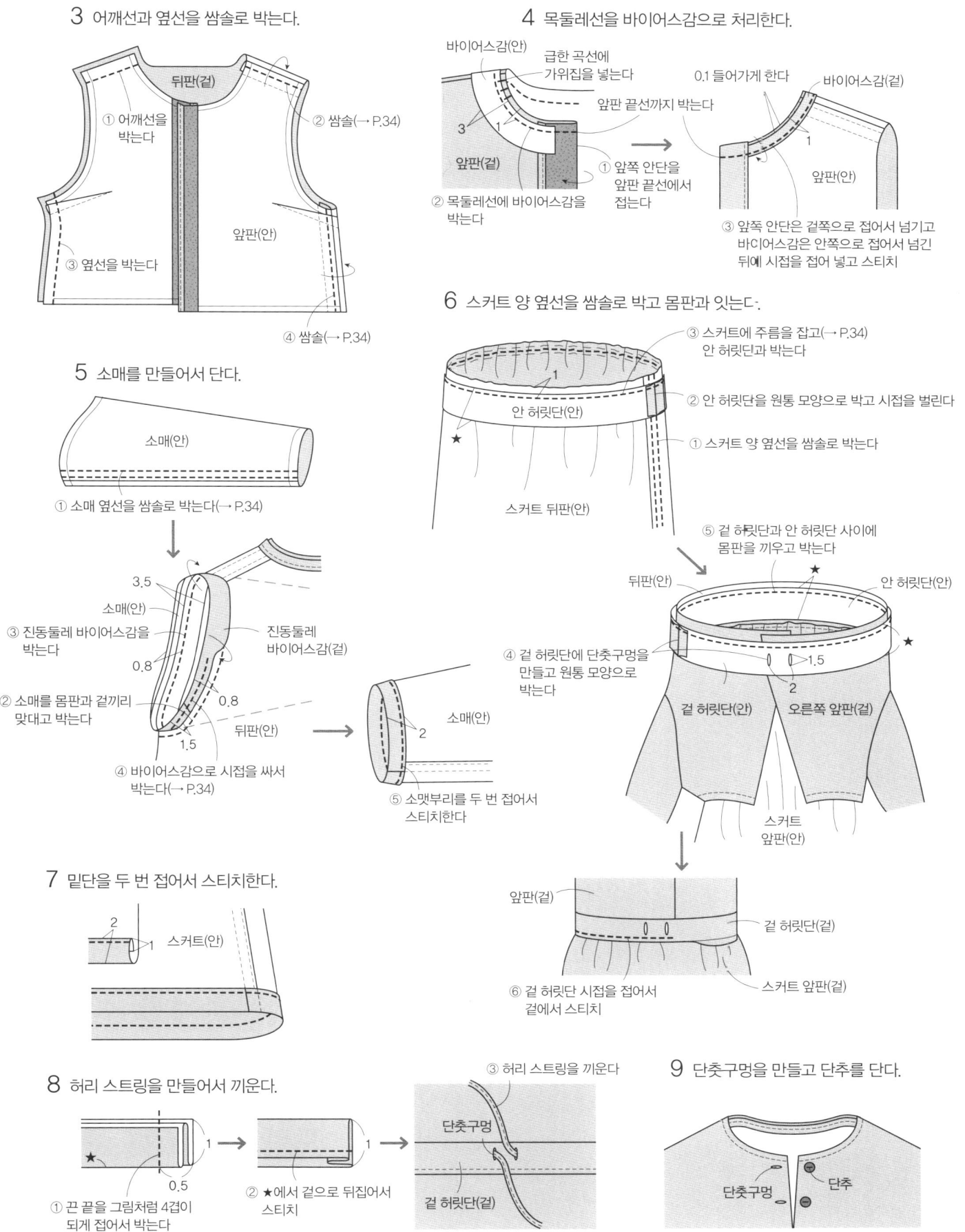

3 어깨선과 옆선을 쌈솔로 박는다.

뒤판(겉)
① 어깨선을 박는다
② 쌈솔(→ P.34)
③ 옆선을 박는다
앞판(안)
④ 쌈솔(→ P.34)

4 목둘레선을 바이어스감으로 처리한다.

바이어스감(안)
급한 곡선에 가위집을 넣는다
앞판 끝선까지 박는다
3
1
앞판(겉)
① 앞쪽 안단을 앞판 끝선에서 접는다
② 목둘레선에 바이어스감을 박는다

0.1 들어가게 한다
바이어스감(겉)
1
앞판(안)
③ 앞쪽 안단은 겉쪽으로 접어서 넘기고 바이어스감은 안쪽으로 접어서 넘긴 뒤에 시접을 접어 넣고 스티치

5 소매를 만들어서 단다.

소매(안)
① 소매 옆선을 쌈솔로 박는다(→ P.34)

3.5
소매(안)
③ 진동둘레 바이어스감을 박는다
0.8
② 소매를 몸판과 겉끼리 맞대고 박는다
진동둘레 바이어스감(겉)
0.8
④ 바이어스감으로 시접을 싸서 박는다(→ P.34)
1.5
뒤판(안)

소매(안)
2
⑤ 소맷부리를 두 번 접어서 스티치한다

6 스커트 양 옆선을 쌈솔로 박고 몸판과 잇는다.

③ 스커트에 주름을 잡고(→ P.34) 안 허릿단과 박는다
② 안 허릿단을 원통 모양으로 박고 시접을 벌린다
1
안 허릿단(안)
① 스커트 양 옆선을 쌈솔로 박는다
★
스커트 뒤판(안)

⑤ 겉 허릿단과 안 허릿단 사이에 몸판을 끼우고 박는다
뒤판(안)
★
안 허릿단(안)
④ 겉 허릿단에 단춧구멍을 만들고 원통 모양으로 박는다
1.5
2
★
겉 허릿단(안)
오른쪽 앞판(겉)
스커트 앞판(안)

앞판(겉)
겉 허릿단(겉)
⑥ 겉 허릿단 시접을 접어서 겉에서 스티치
스커트 앞판(겉)

7 밑단을 두 번 접어서 스티치한다.

2
1
스커트(안)

8 허리 스트링을 만들어서 끼운다.

★
1
0.5
① 끈 끝을 그림처럼 4겹이 되게 접어서 박는다

1
② ★에서 겉으로 뒤집어서 스티치

③ 허리 스트링을 끼운다
단춧구멍
겉 허릿단(겉)

9 단춧구멍을 만들고 단추를 단다.

단춧구멍
단추

f 슬리브리스 셔링 원피스

스커트에 주름을 잡아 몸판과 연결해 완성하는 기본 스타일 셔링 원피스입니다.

● 완성 치수

S 가슴둘레 90cm 전체 길이 121.5cm
M 가슴둘레 94cm 전체 길이 123cm
L 가슴둘레 98cm 전체 길이 124.5cm

● 실물 크기 옷본

B면 f 앞판 f 뒤판
A면 f 주머니

● 재료

겉감 : 리넨(모카) … 140cm 폭 S 3.6m
　　　　　　　　　　　　 M 3.7m
　　　　　　　　　　　　 L 3.8m

접착심지 … 5cm×20cm(주머니 입구)

● 만드는 순서

1. 뒤트임을 파이핑으로 처리한다.
2. 다트를 박는다.
3. 어깨선과 옆선을 쌈솔로 박는다.
4. 목둘레선을 파이핑으로 처리한다
5. 진동둘레를 파이핑으로 처리한다.
6. 스커트 옆선 시접을 두 번 접어서 스티치한다.
7. 스커트 양 옆선을 주머니를 달면서 박는다.
8. 스커트와 몸판을 잇는다.
9. 밑단을 두 번 접어서 스티치한다.

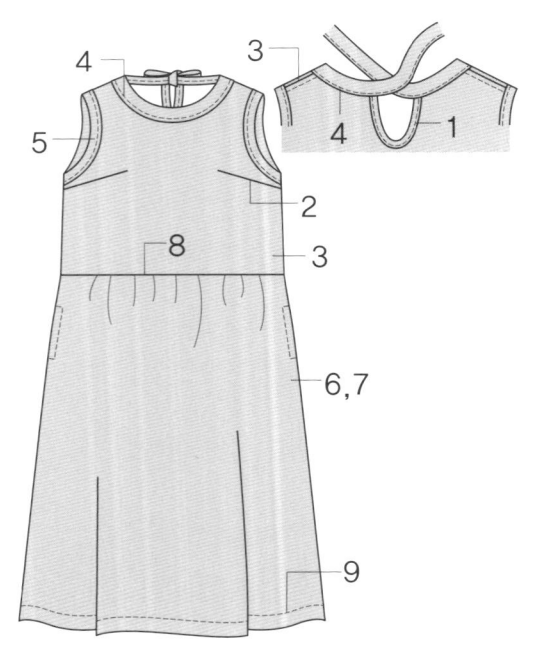

● 옷감을 마름질하는 법

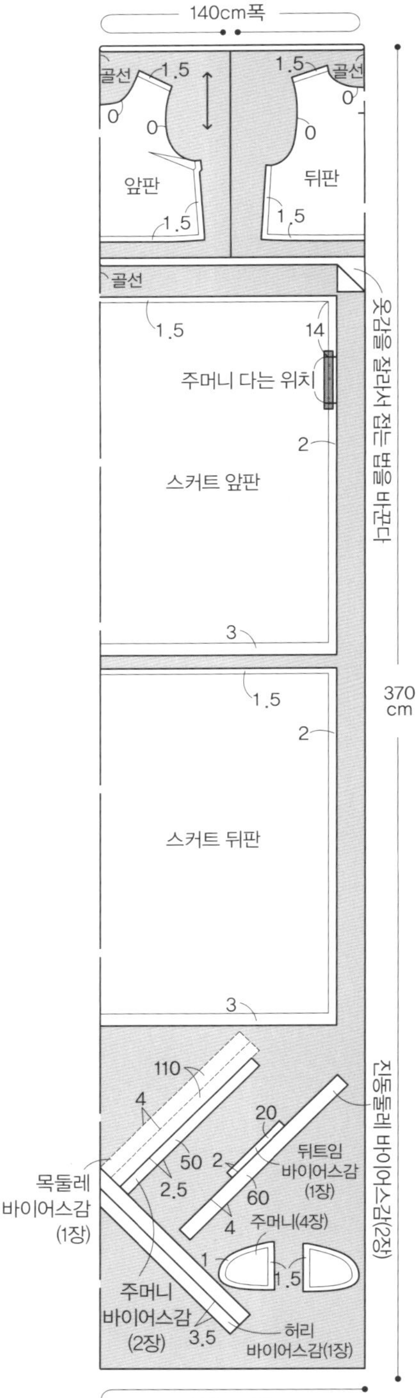

140cm폭

골선 1.5 0 앞판 1.5
1.5 0 뒤판 골선 1.5

골선
1.5 14
주머니 다는 위치
2
스커트 앞판
3

1.5
2
스커트 뒤판
3

옷감을 접어서 접는 쪽 반대편

진동둘레 바이어스감(2장)

110
4
50 2
2.5
목둘레
바이어스감
(1장)
20
뒤트임
바이어스감
(1장)
60
4 주머니(4장)
1
1.5
주머니
바이어스감
(2장)
3.5
허리
바이어스감(1장)

370cm

140cm 폭

※ 마름질하는 법 그림은 M 사이즈 기준
※ ▓ 는 접착심지를 붙인다

● 제도

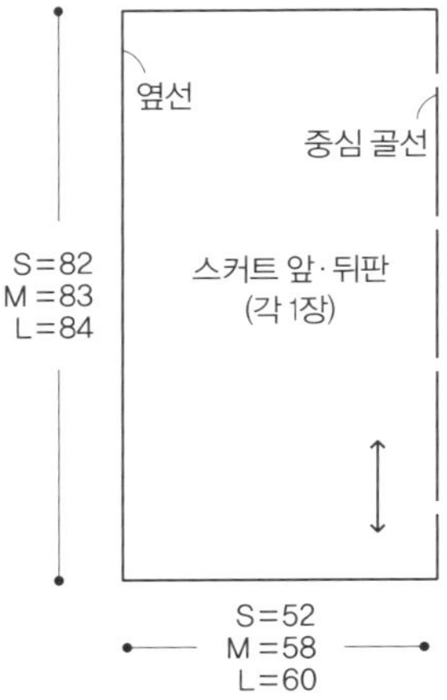

옆선
중심 골선
스커트 앞·뒤판
(각 1장)

S=82
M=83
L=84

S=52
M=58
L=60

1 뒤트임을 파이핑으로 처리한다(→ P.35).

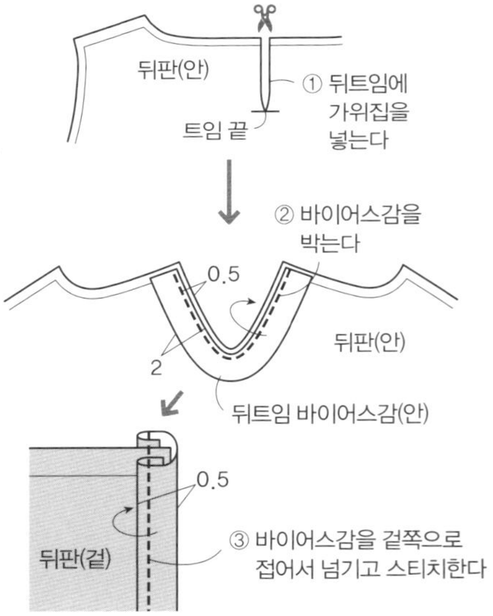

뒤판(안)
트임 끝
① 뒤트임에 가위집을 넣는다

0.5
2
뒤판(안)
② 바이어스감을 박는다

뒤트임 바이어스감(안)

0.5
뒤판(겉)
③ 바이어스감을 겉쪽으로 접어서 넘기고 스티치한다

2 다트를 박는다.

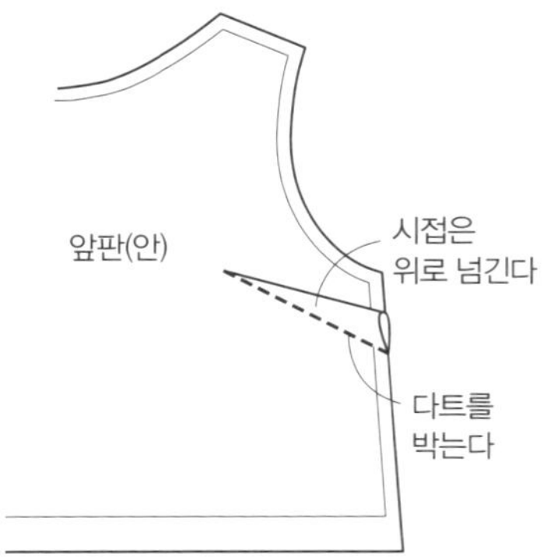

앞판(안)
시접은 위로 넘긴다
다트를 박는다

3 어깨선과 옆선을 쌈솔로 박는다.

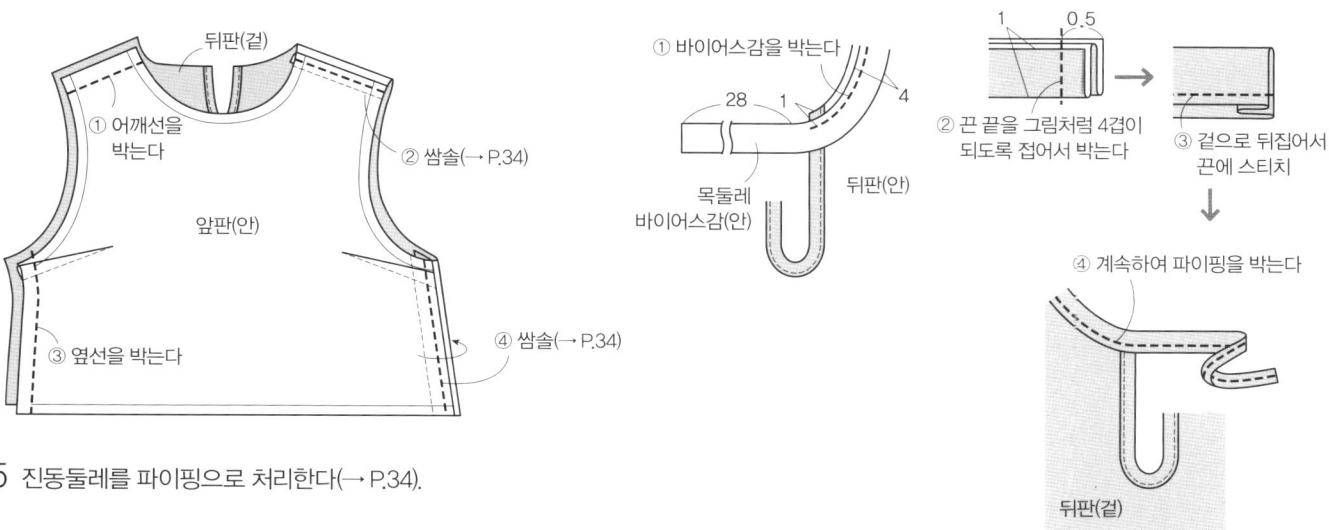

① 어깨선을 박는다
뒤판(겉)
② 쌈솔(→ P.34)
앞판(안)
③ 옆선을 박는다
④ 쌈솔(→ P.34)

4 목둘레선을 파이핑으로 처리한다.

① 바이어스감을 박는다
28
1
목둘레 바이어스감(안)
뒤판(안)
4
1
0.5
② 끈 끝을 그림처럼 4겹이 되도록 접어서 박는다
③ 겉으로 뒤집어서 끈에 스티치
④ 계속하여 파이핑을 박는다
뒤판(겉)

5 진동둘레를 파이핑으로 처리한다(→ P.34).

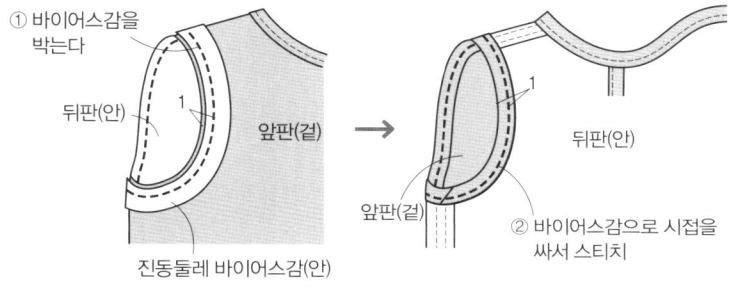

① 바이어스감을 박는다
뒤판(안)
1
앞판(겉)
진동둘레 바이어스감(안)
앞판(겉)
뒤판(안)
② 바이어스감으로 시접을 싸서 스티치

6 스커트 옆선 시접을 두 번 접어서 스티치한다.

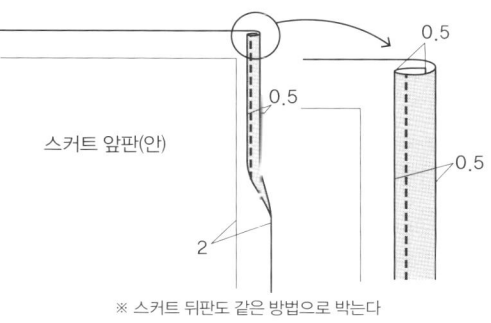

0.5
0.5
스커트 앞판(안)
0.5
2

※ 스커트 뒤판도 같은 방법으로 박는다

7 스커트 양 옆선을 주머니를 달면서 박는다.

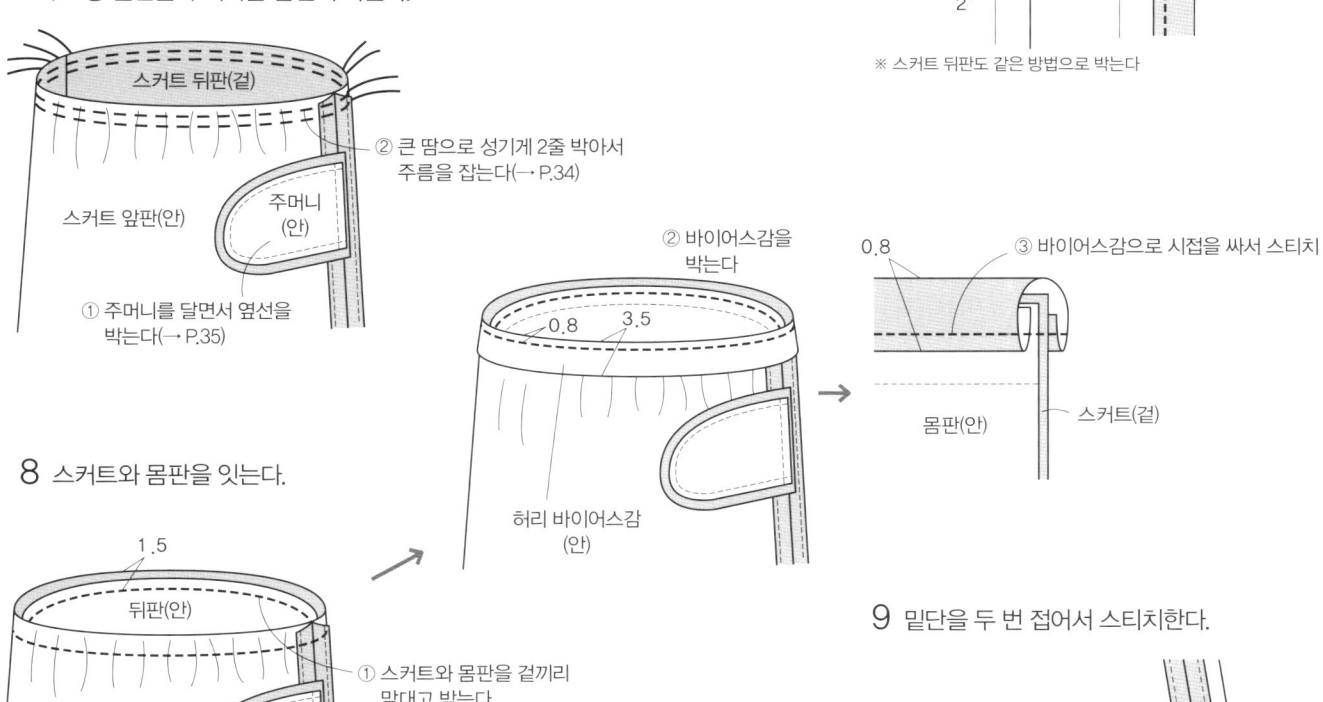

스커트 뒤판(겉)
② 큰 땀으로 성기게 2줄 박아서 주름을 잡는다(→ P.34)
스커트 앞판(안)
주머니(안)
① 주머니를 달면서 옆선을 박는다(→ P.35)

8 스커트와 몸판을 잇는다.

1.5
뒤판(안)
스커트 앞판(안)
① 스커트와 몸판을 겉끼리 맞대고 박는다

② 바이어스감을 박는다
0.8
3.5
허리 바이어스감(안)
0.8
③ 바이어스감으로 시접을 싸서 스티치
몸판(안)
스커트(겉)

9 밑단을 두 번 접어서 스티치한다.

2
1
스커트(안)

i 긴소매 브이넥 단추 원피스

뒤판에 주름을 잡아 자연스러운 실루엣이 돋보이는 브이 네크라인 단추 원피스입니다.

● 완성 치수

S　가슴둘레 92cm　전체 길이 118.5cm
M　가슴둘레 96cm　전체 길이 120cm
L　가슴둘레 100cm　전체 길이 121.5cm

● 실물 크기 옷본

C면　i 앞판　i 뒤판　i 어깨 바대　i 소매
i 주머니

● 재료

겉감 : 리넨(라임옐로) … 110cm 폭　S　3.8m
　　　　　　　　　　　　　　　M　3.9m
　　　　　　　　　　　　　　　L　4m

접착심지 … 50cm×110cm(앞판 안단)

세로 1.3cm×가로 1.7cm 단추 … 10개

● 만드는 순서

1. 앞판의 안단 가장자리를 두 번 접어서 스티치한다.
2. 주머니를 단다.
3. 뒤판과 어깨 바대를 잇는다.
4. 어깨 바대와 앞판 어깨선을 박는다.
5. 옆선을 쌈솔로 박는다.
6. 목둘레선을 바이어스감으로 처리한다.
7. 소매를 만들어서 단다.
8. 밑단을 두 번 접어서 스티치한다.
9. 단춧구멍을 만들고 단추를 단다.

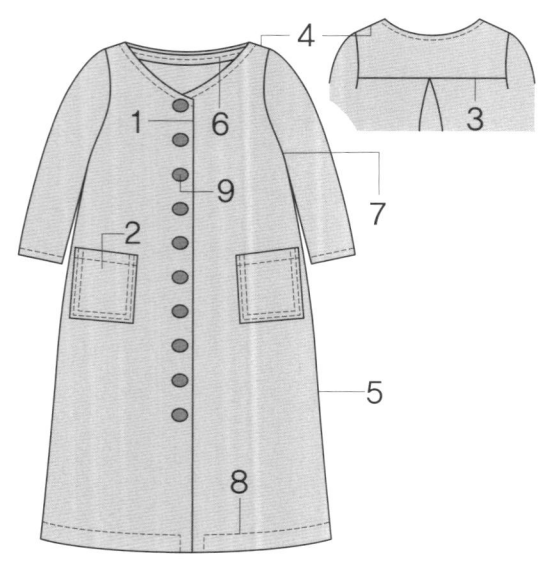

● 옷감을 마름질하는 법

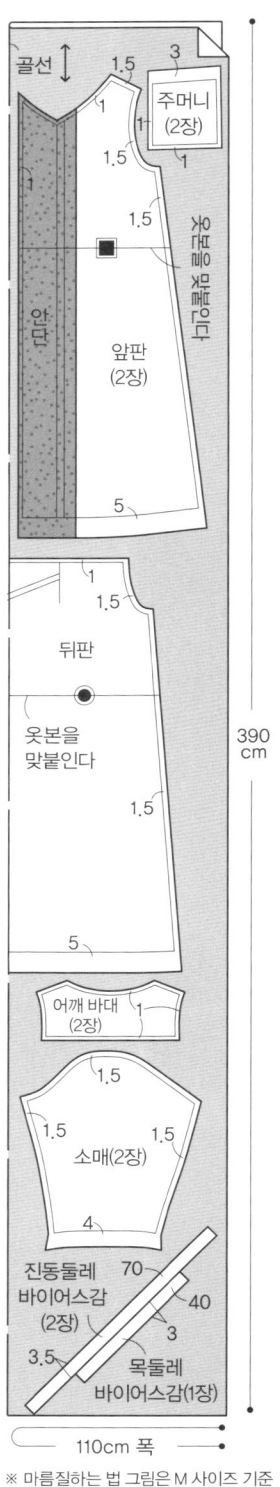

※ 마름질하는 법 그림은 M 사이즈 기준
※ ▨▨ 는 접착심지를 붙인다

1 앞판의 안단 가장자리를 두 번 접어서 스티치한다.

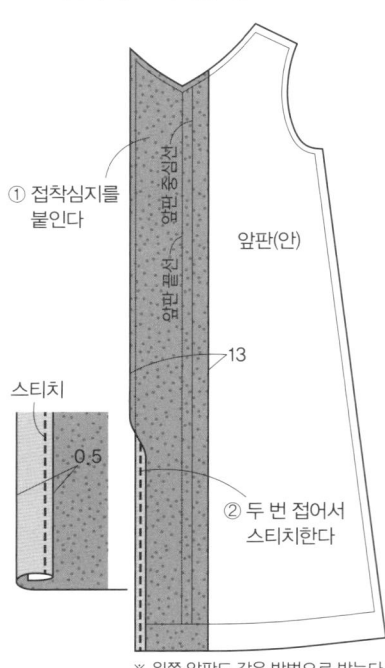

① 접착심지를 붙인다
② 두 번 접어서 스티치한다
스티치
0.5
13

※ 왼쪽 앞판도 같은 방법으로 박는다

2 주머니를 단다.

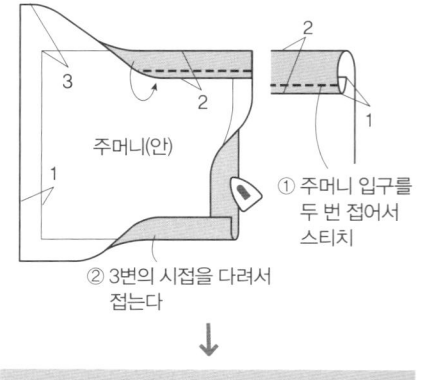

① 주머니 입구를 두 번 접어서 스티치
② 3변의 시접을 다려서 접는다

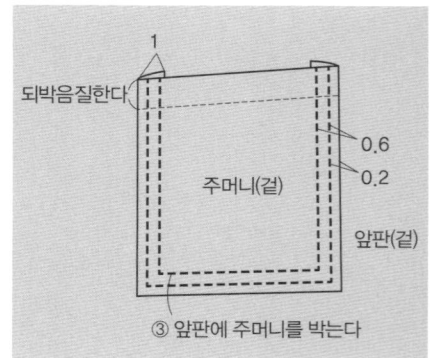

되박음질한다
주머니(겉)
앞판(겉)
0.6
0.2
③ 앞판에 주머니를 박는다

3 뒤판과 어깨 바대를 잇는다.

① 주름을 접는다

시침질

뒤판(겉)

안 어깨 바대(겉)

겉 어깨 바대(안)

뒤판(겉)

② 어깨 바대 2장을 겉끼리 맞대고
뒤판을 끼워서 박는다

4 어깨 바대와 앞판 어깨선을 박는다.

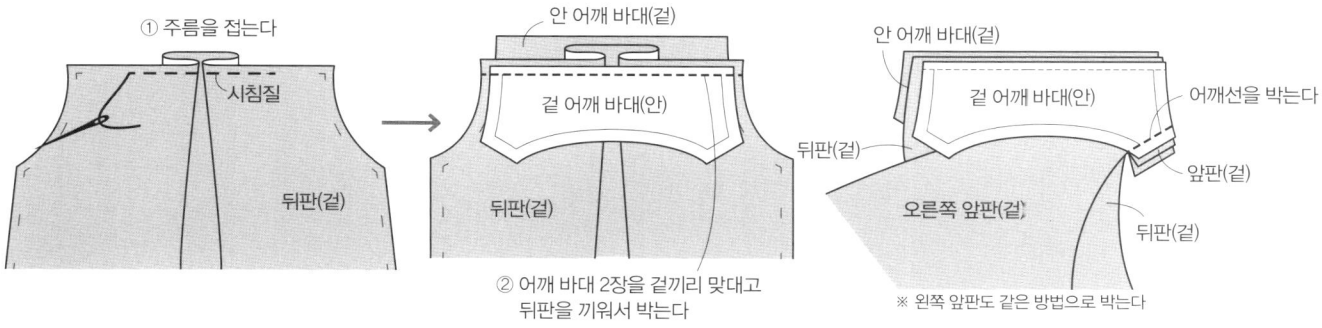

안 어깨 바대(겉)

겉 어깨 바대(안)

어깨선을 박는다

뒤판(겉)

앞판(겉)

오른쪽 앞판(겉)

뒤판(겉)

※ 왼쪽 앞판도 같은 방법으로 박는다

5 옆선을 쌈솔로 박는다(→ P.34).

안 어깨 바대(겉)

겉 어깨 바대(안)

뒤판(겉)

앞판(안)

① 옆선을 박는다

0.7

② 뒤판 시접을 자른다

③ 시접을 싸서
뒤쪽으로 넘기고
스티치

뒤판(안)

앞판(겉)

6 목둘레선을 바이어스감으로 처리한다.

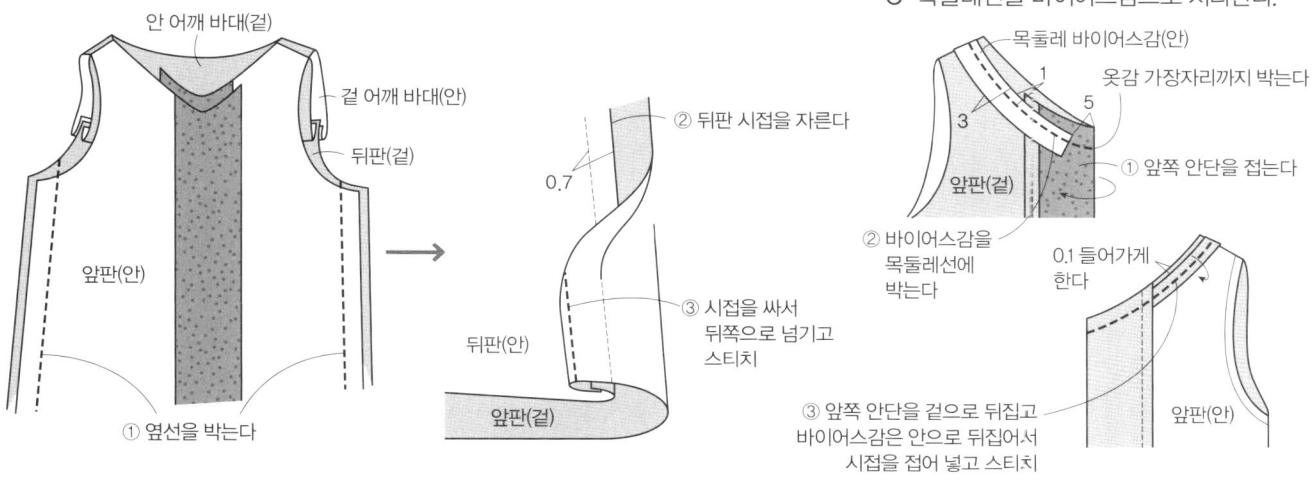

목둘레 바이어스감(안)

옷감 가장자리까지 박는다

앞판(겉)

1

3

5

① 앞쪽 안단을 접는다

② 바이어스감을
목둘레선에
박는다

0.1 들어가게
한다

③ 앞쪽 안단을 겉으로 뒤집고
바이어스감은 안으로 뒤집어서
시접을 접어 넣고 스티치

앞판(안)

7 소매를 만들어서 단다.

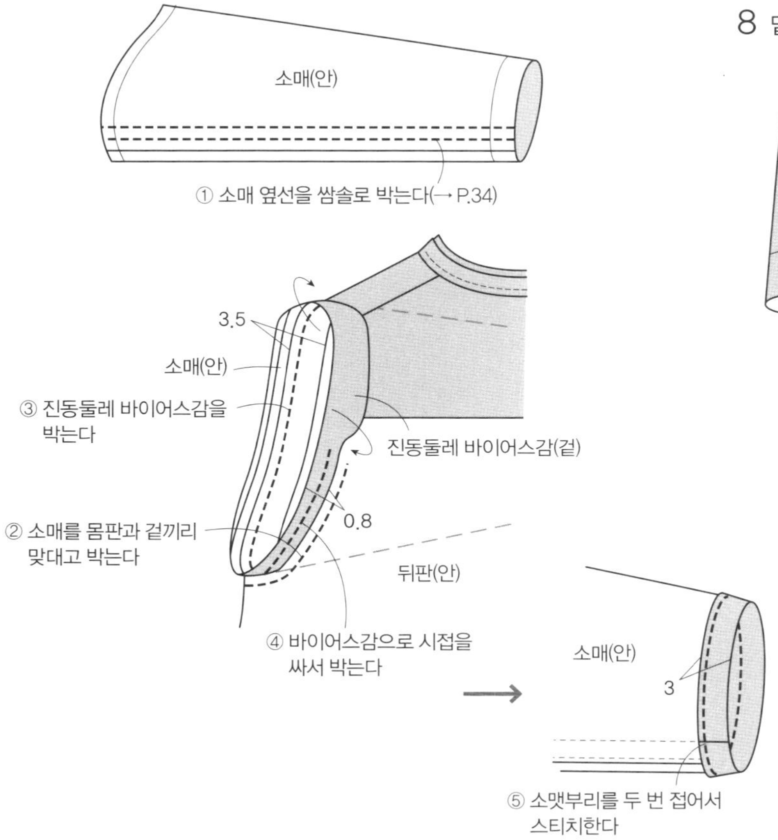

소매(안)

① 소매 옆선을 쌈솔로 박는다(→ P.34)

3.5

소매(안)

③ 진동둘레 바이어스감을
박는다

진동둘레 바이어스감(겉)

② 소매를 몸판과 겉끼리
맞대고 박는다

0.8

뒤판(안)

④ 바이어스감으로 시접을
싸서 박는다

소매(안)

3

⑤ 소맷부리를 두 번 접어서
스티치한다

8 밑단을 두 번 접어서 스티치한다.

앞판(겉)

안단
(안)

4

2

② 잘라 낸다

① 안단을 접어서
박는다

앞판(겉)

안단(안)

③ 안단만 자른다

앞판(안)

4

④ 안단을 겉으로 뒤집고 밑단을
두 번 접어서 스티치한다

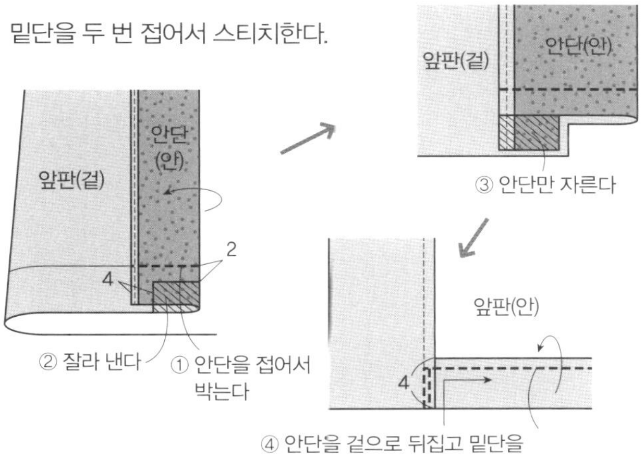

9 단춧구멍을 만들고 단추를 단다.

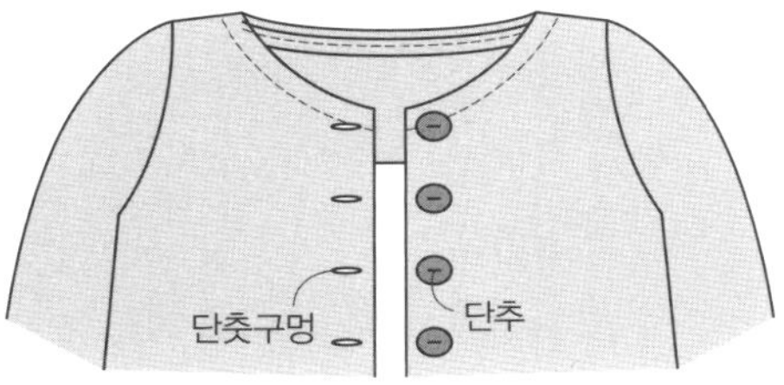

단춧구멍

단추

PHOTO p.17

j 반소매 셔링 원피스

소맷부리와 스커트에 주름을 넣고 허리 스트링을 리본으로 묶은 귀여운 스타일의 원피스입니다.

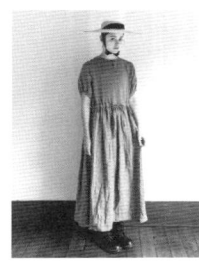

● 완성 치수

S 가슴둘레 89.5cm 전체 길이 122.5cm
M 가슴둘레 93.5cm 전체 길이 124cm
L 가슴둘레 97.5cm 전체 길이 125.5cm

● 실물 크기 옷본

A면 j 앞판 j 뒤판 j 소매 j 커프스

● 재료

겉감 : 리넨(스모키핑크) … 110cm 폭 S 4.2m
M 4.3m
L 4.4m

지름 0.9cm 단추 … 1개

● 만드는 순서

1. 앞트임을 파이핑으로 처리한다.
2. 다트를 박는다.
3. 어깨선과 옆선을 쌈솔로 박는다.
4. 목둘레선을 파이핑으로 처리한다.
5. 소매를 만들어서 단다.
6. 스커트 양 옆선을 쌈솔로 박고 몸판과 잇는다.
7. 밑단을 두 번 접어서 스티치한다.
8. 허리 스트링을 만들어서 끼우고 단추를 단다.

8
4
1
3
2
5
8
6
7

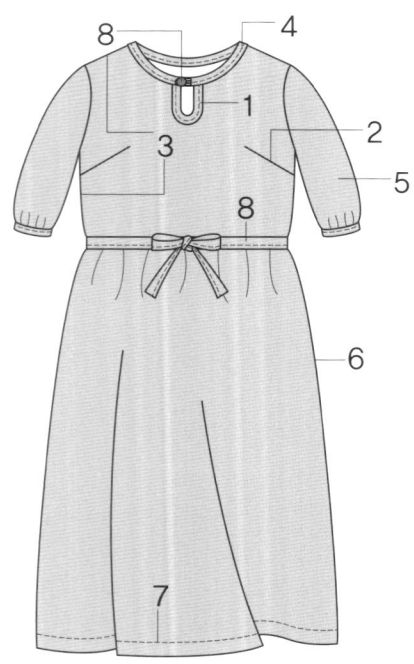

● 옷감을 마름질하는 법

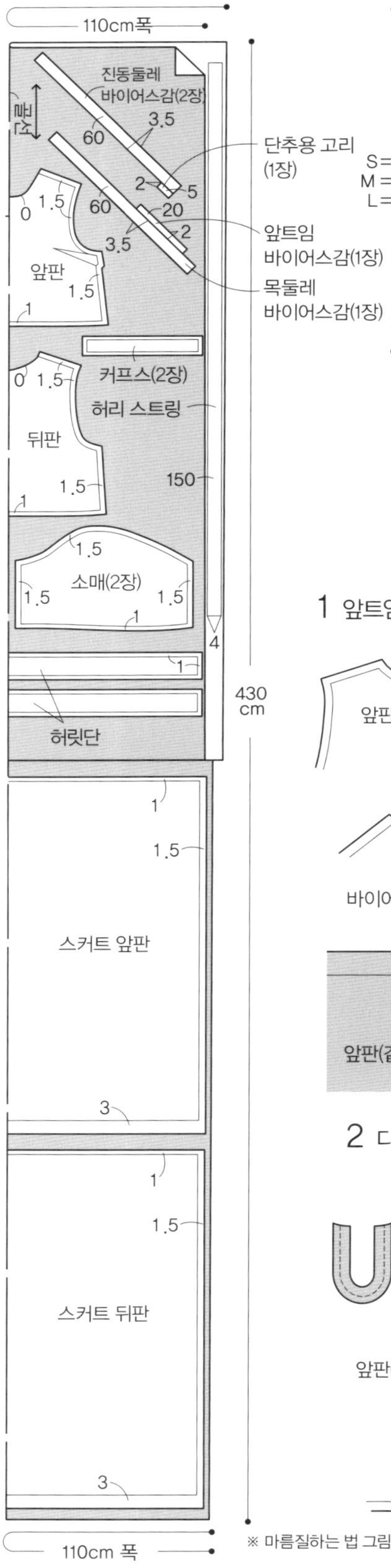

110cm폭
진동둘레
바이어스감(2장)
3.5
60
2
5
단추용 고리
(1장)
0
1.5
60
20
2
3.5
앞트임
바이어스감(1장)
목둘레
바이어스감(1장)
앞판
1.5
1
커프스(2장)
0 1.5
허리 스트링
뒤판
150
1.5
1
1.5
소매(2장)
1.5
1.5
1
4
1
430
cm
허릿단
1
1.5
스커트 앞판
3
1
1.5
스커트 뒤판
3
110cm 폭

※ 마름질하는 법 그림은 M 사이즈 기준

● 제도

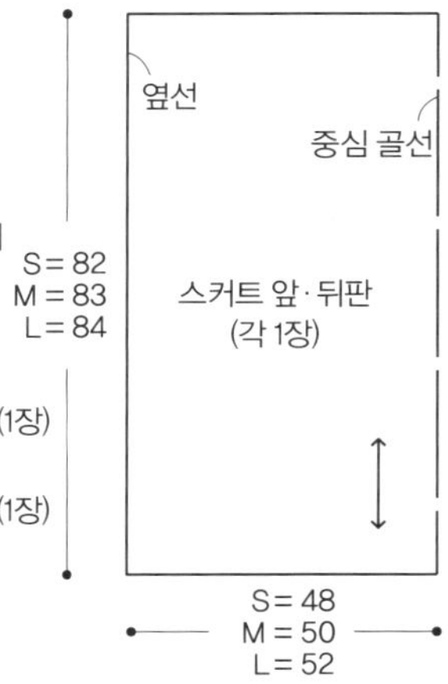

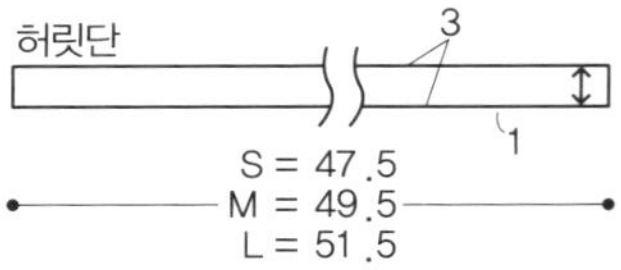

옆선
중심 골선
S = 82
M = 83
L = 84
스커트 앞·뒤판
(각 1장)
S = 48
M = 50
L = 52

허릿단
3
1
S = 47.5
M = 49.5
L = 51.5

1 앞트임을 파이핑으로 처리한다(→ P.35).

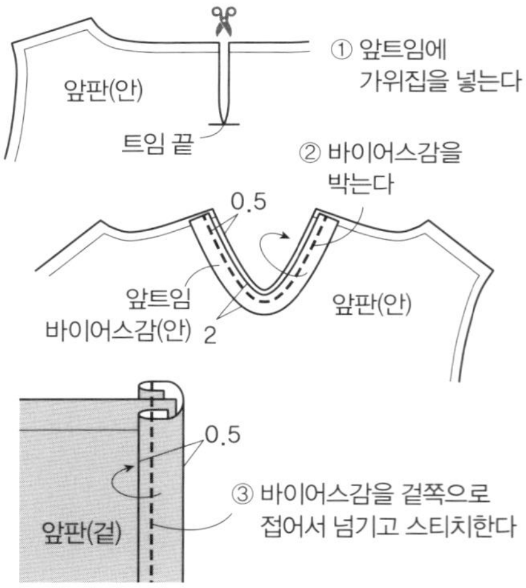

앞판(안)
① 앞트임에
가위집을 넣는다
트임 끝
② 바이어스감을
박는다
0.5
앞트임
바이어스감(안)
2
앞판(안)
0.5
앞판(겉)
③ 바이어스감을 겉쪽으로
접어서 넘기고 스티치한다

2 다트를 박는다.

시접은 위로
넘긴다
앞판(안)
다트를 박는다

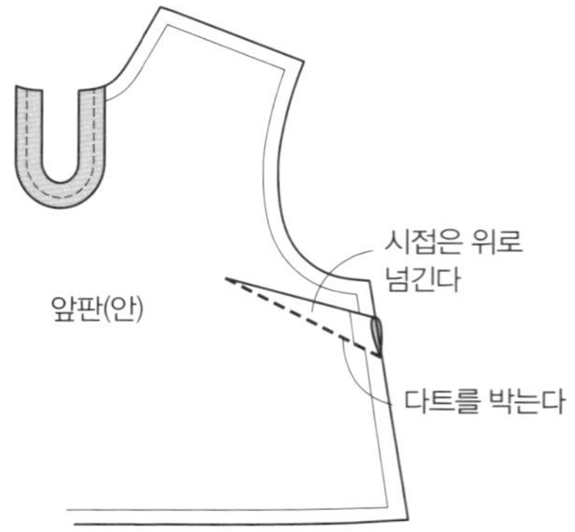

3 어깨선과 옆선을 쌈솔로 박는다.

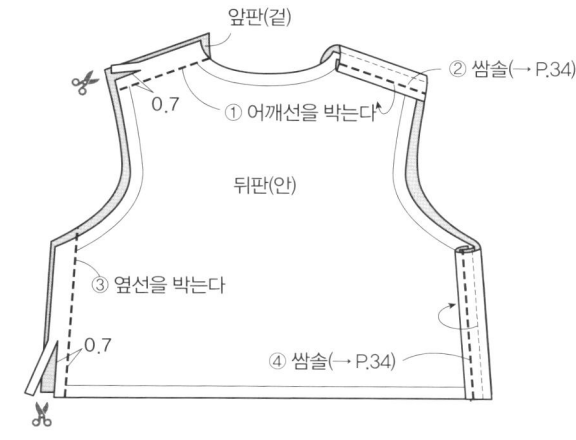

앞판(겉)
0.7
① 어깨선을 박는다
② 쌈솔(→ P.34)
뒤판(안)
③ 옆선을 박는다
0.7
④ 쌈솔(→ P.34)

4 목둘레선을 파이핑으로 처리한다.

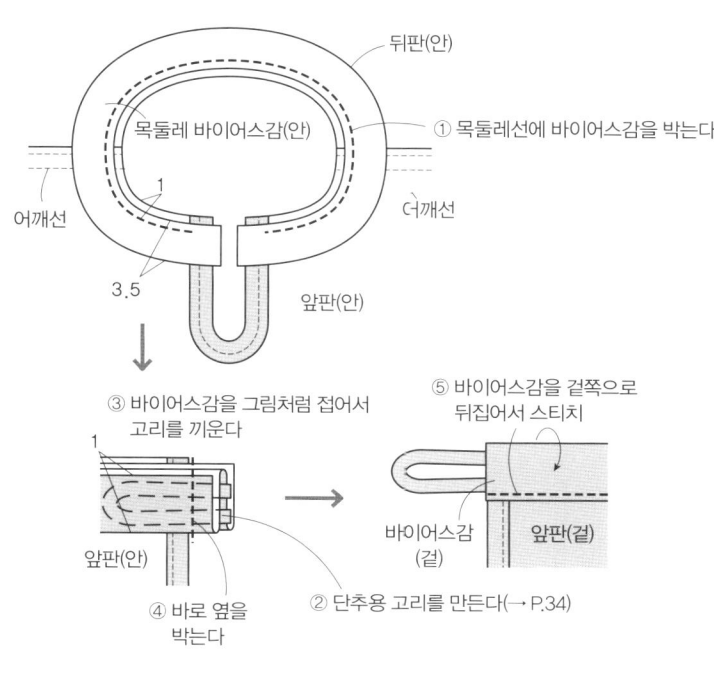

뒤판(안)
목둘레 바이어스감(안)
① 목둘레선에 바이어스감을 박는다
1
어깨선
어깨선
3.5
앞판(안)

③ 바이어스감을 그림처럼 접어서 고리를 끼운다
1
앞판(안)
④ 바로 옆을 박는다

⑤ 바이어스감을 겉쪽으로 뒤집어서 스티치
바이어스감(겉)
앞판(겉)
② 단추용 고리를 만든다(→ P.34)

5 소매를 만들어서 단다.

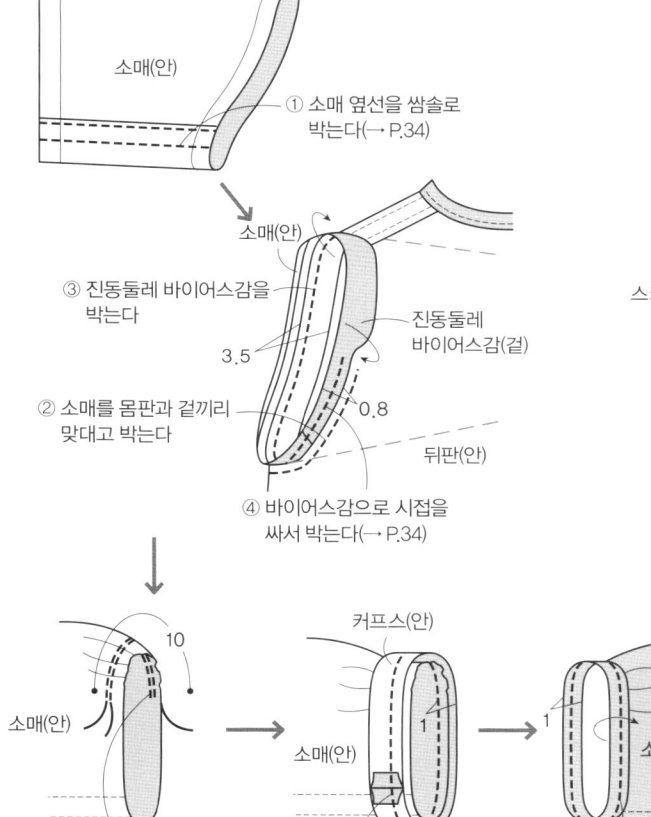

소매(안)
① 소매 옆선을 쌈솔로 박는다(→ P.34)

소매(안)
③ 진동둘레 바이어스감을 박는다
3.5
② 소매를 몸판과 겉끼리 맞대고 박는다
진동둘레 바이어스감(겉)
0.8
뒤판(안)
④ 바이어스감으로 시접을 싸서 박는다(→ P.34)

소매(안)
10
소매(안)
⑤ 소맷부리 부분에 주름을 잡는다

커프스(안)
소매(안)
1
⑥ 커프스를 원통 모양으로 박아서 소맷부리에 단다

1
소매(겉)
⑦ 커프스로 시접을 싸서 스티치한다

6 스커트 양 옆선을 쌈솔로 박고 몸판과 잇는다.

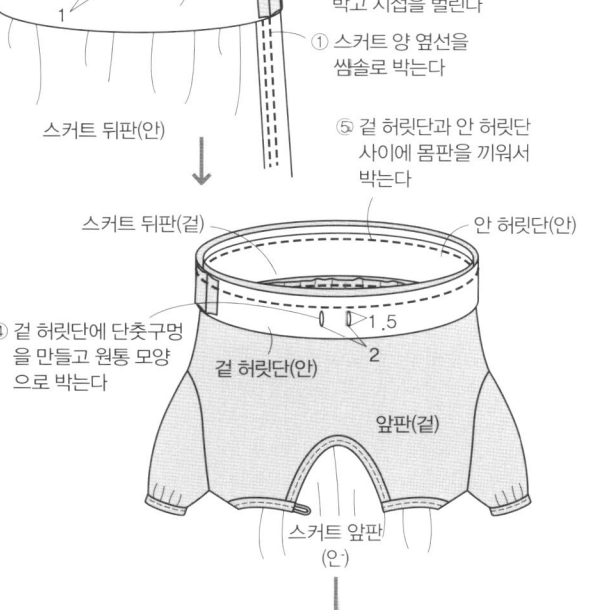

스커트 앞판(겉)
안 허릿단(안)
③ 스커트에 주름을 잡고(→ P.34) 간 허릿단과 박는다
② 안 허릿단을 원통 모양으로 박고 시접을 벌린다
1
① 스커트 양 옆선을 쌈솔로 박는다
스커트 뒤판(안)
⑤ 겉 허릿단과 안 허릿단 사이에 몸판을 끼워서 박는다

스커트 뒤판(겉)
안 허릿단(안)
④ 겉 허릿단에 단춧구멍을 만들고 원통 모양으로 박는다
1.5
2
겉 허릿단(안)
앞판(겉)
스커트 앞판(안)

7 밑단을 두 번 접어서 스티치한다.

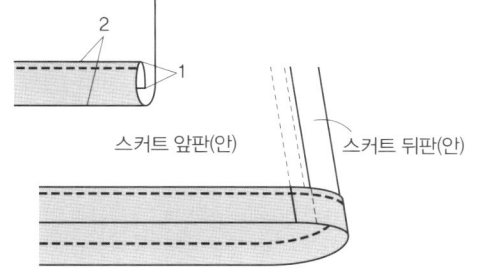

2
1
스커트 앞판(안)
스커트 뒤판(안)

8 허리 스트링을 만들어서 끼우고 단추를 단다.

허리 스트링 만드는 법
(→ P.45-8)

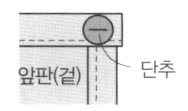

앞판(겉)
단추

앞판(겉)
겉 허릿단(겉)
스커트 앞판(겉)
⑥ 허릿단 겉감 시접을 접어서 겉에서 스티치

k 앞트임 라운드넥 원피스

라운드 네크라인에 앞트임을 넣어 단추를 단 긴소매 원피스입니다. 목둘레를 안단으로 마감해 단정한 느낌이 듭니다.

● 완성 치수

S 가슴둘레 90.5cm 전체 길이 120.5cm
M 가슴둘레 94.5cm 전체 길이 122cm
L 가슴둘레 98.5cm 전체 길이 123.5cm

● 실물 크기 옷본

C면 k 앞판 k 뒤판 k 소매 k 커프스
　　 k 앞쪽 안단 k 뒤쪽 안단

● 재료

겉감 : 리넨(내추럴) … 110cm 폭　S　3.5m
　　　　　　　　　　　　 M　3.6m
　　　　　140cm 폭　L　3.6m

별도 옷감 : 리넨 … 70m×60m

접착심지 … 30cm×40cm(안단)

지름 0.9cm 단추 … 7개

● 만드는 순서

1. 앞트임에 고리를 만들어서 단다.
2. 다트를 박는다.
3. 어깨선을 쌈솔로 박는다.
4. 앞쪽 안단과 뒤쪽 안단의 어깨선을 박고 목둘레선과 맞춰서 스티치한다.
5. 몸판 옆선을 쌈솔로 박는다.
6. 소매를 만들어서 단다.
7. 스커트 양 옆선을 쌈솔로 박고 몸판과 잇는다.
8. 밑단을 두 번 접어서 스티치한다.
9. 단추를 단다.

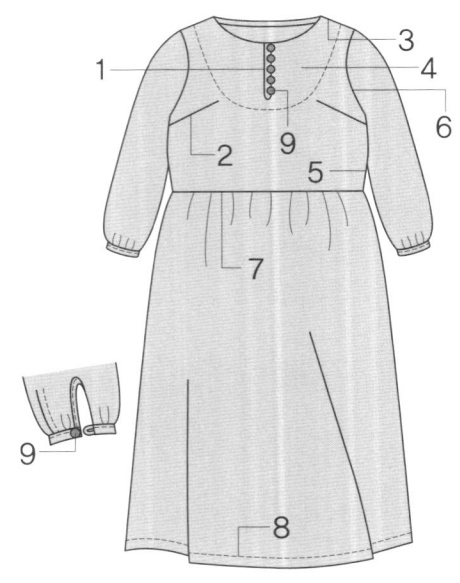

● 옷감을 마름질하는 법

110cm 폭

골선 1　　1 골선
앞쪽 안단
뒤쪽 안단
1

1
1.5
앞판
뒤판
1.5
1.5　1.5　　1.5

골선
1.5
소매(2장)
1.5　　1.5
1

1.5
1.5

스커트 앞판

3

1.5
1.5

스커트 뒤판

3

360 cm

커프스(2장)

옷감을 잘라서 접는 법을 바꾼다

110cm 폭

※ 마름질하는 법 그림은 M 사이즈 기준
※ ▨▨ 는 접착심지를 붙인다

별도 옷감

70cm

단추용 고리(1장)　40
진동둘레 바이어스감 (2장)　2
허리 바이어스감 (2장)
3.5

3.5
60　　60

60 cm

● 제도

옆선　　　중심 골선

S = 82
M = 83
L = 84

스커트 앞·뒤판 (각 1장)

S = 51
M = 53
L = 55

1 앞트임에 고리를 만들어서 단다.

30

3　3　3　3　3
앞트임용 단춧고리 5개
4　　4
소매용 단춧고리 2개

① 고리를 만들어서(→ P.34) 자른다
② 가위집을 넣는다
앞트임용 단춧고리
③ 고리를 시침질로 고정한다
앞판(겉)
1
1　　0.5

2 다트를 박는다.

시접은 위로 넘긴다
앞판(안)
다트를 박는다

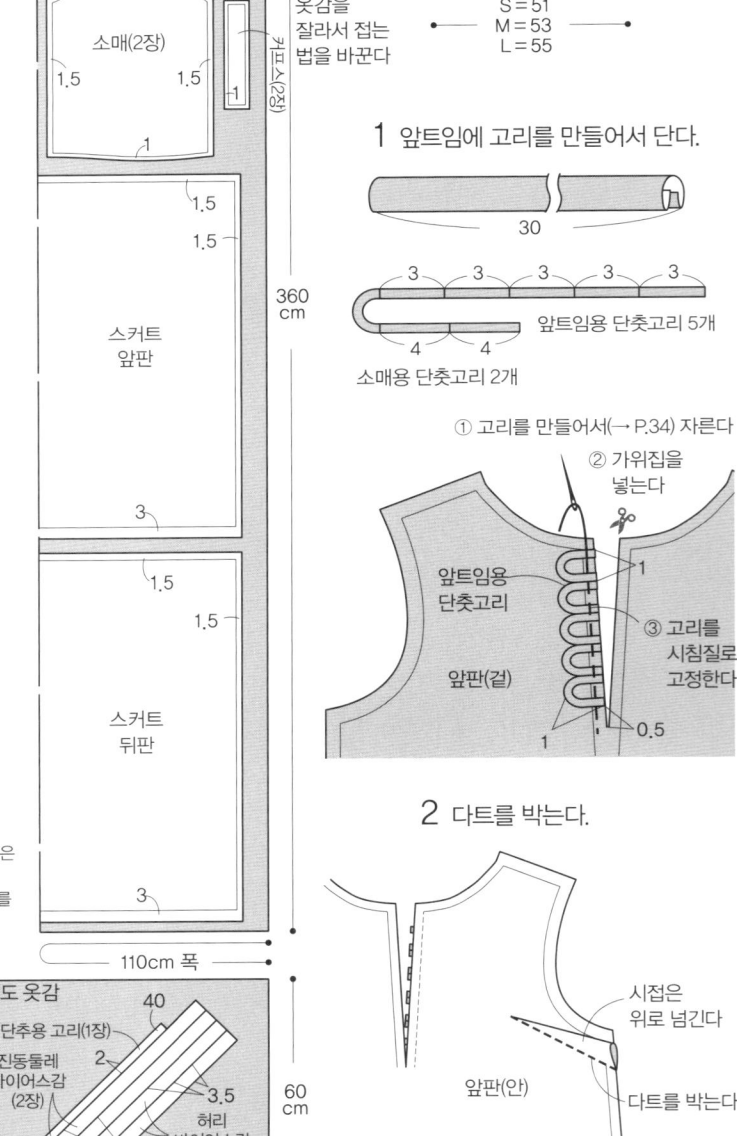

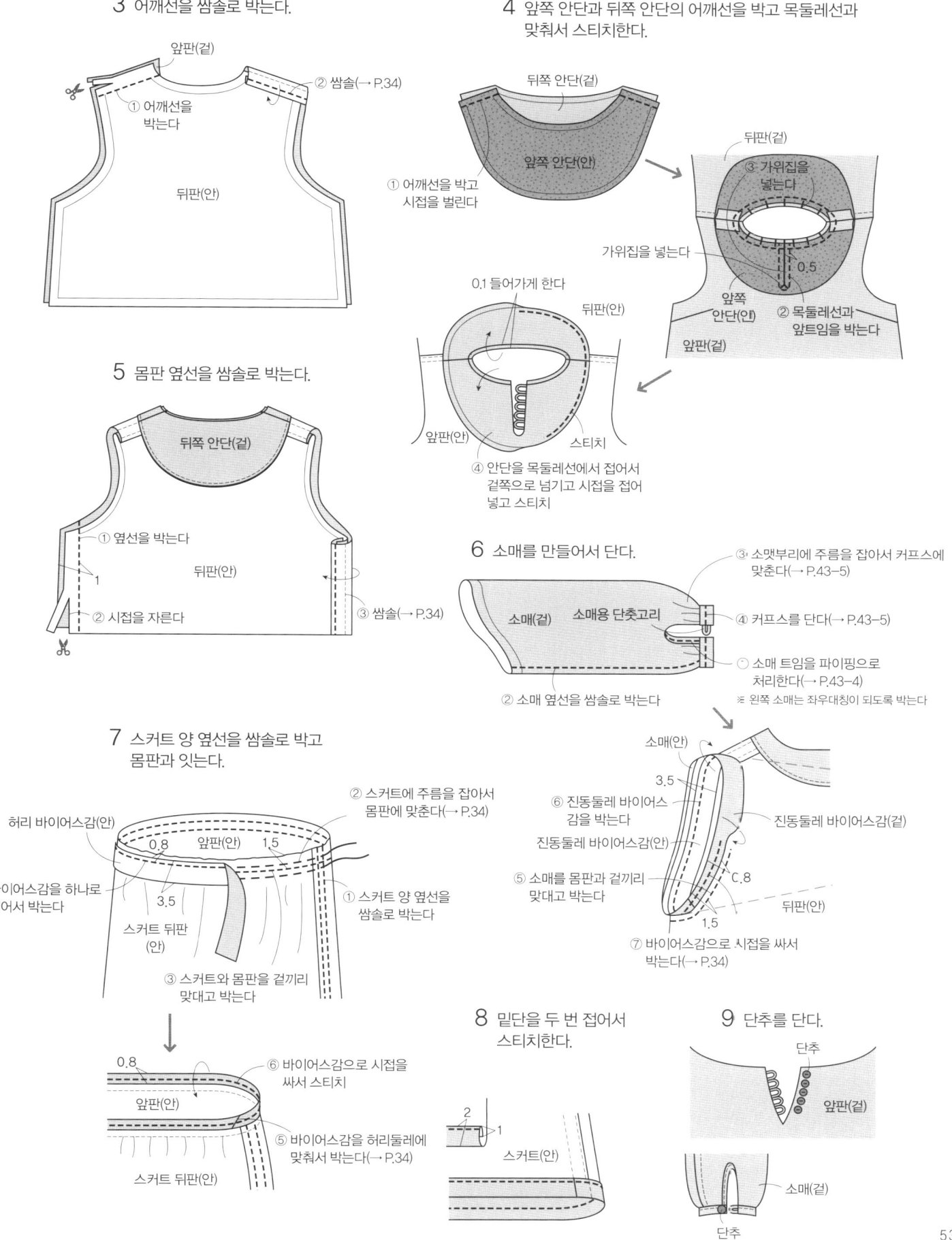

3 어깨선을 쌈솔로 박는다.

앞판(겉)
② 쌈솔(→ P.34)
① 어깨선을 박는다
뒤판(안)

4 앞쪽 안단과 뒤쪽 안단의 어깨선을 박고 목둘레선과 맞춰서 스티치한다.

뒤쪽 안단(겉)
앞쪽 안단(안)
① 어깨선을 박고 시접을 벌린다

뒤판(겉)
③ 가위집을 넣는다
가위집을 넣는다
0.5
앞쪽 안단(안)
② 목둘레선과 앞트임을 박는다
앞판(겉)

0.1 들어가게 한다
뒤판(안)
앞판(안)
스티치
④ 안단을 목둘레선에서 접어서 겉쪽으로 넘기고 시접을 접어 넣고 스티치

5 몸판 옆선을 쌈솔로 박는다.

뒤쪽 안단(겉)
① 옆선을 박는다
1
뒤판(안)
② 시접을 자른다
③ 쌈솔(→ P.34)

6 소매를 만들어서 단다.

소매(겉) 소매용 단춧고리
③ 소맷부리에 주름을 잡아서 커프스에 맞춘다(→ P.43-5)
④ 커프스를 단다(→ P.43-5)
ⓒ 소매 트임을 파이핑으로 처리한다(→ P.43-4)
※ 왼쪽 소매는 좌우대칭이 되도록 박는다
② 소매 옆선을 쌈솔로 박는다

소매(안)
3.5
⑥ 진동둘레 바이어스감을 박는다
진동둘레 바이어스감(안)
⑤ 소매를 몸판과 겉끼리 맞대고 박는다
진동둘레 바이어스감(겉)
C.8
뒤판(안)
1.5
⑦ 바이어스감으로 시접을 싸서 박는다(→ P.34)

7 스커트 양 옆선을 쌈솔로 박고 몸판과 잇는다.

허리 바이어스감(안)
0.8 앞판(안) 1.5
② 스커트에 주름을 잡아서 몸판에 맞춘다(→ P.34)
④ 바이어스감을 하나로 이어서 박는다
3.5
스커트 뒤판(안)
① 스커트 양 옆선을 쌈솔로 박는다
③ 스커트와 몸판을 겉끼리 맞대고 박는다

0.8
앞판(안)
⑥ 바이어스감으로 시접을 싸서 스티치
스커트 뒤판(안)
⑤ 바이어스감을 허리둘레에 맞춰서 박는다(→ P.34)

8 밑단을 두 번 접어서 스티치한다.

2
1
스커트(안)

9 단추를 단다.

단추
앞판(겉)

소매(겉)
단추

1 뒤트임 라운드넥 원피스

라운드 네크라인에 뒤트임을 넣어 단추를 달고 스커트에 예쁜 접박기를 넣은 원피스입니다.

● 완성 치수

S 가슴둘레 95cm 전체 길이 121.5cm
M 가슴둘레 99cm 전체 길이 123cm
L 가슴둘레 103cm 전체 길이 124.5cm

● 실물 크기 옷본

C면 ㅣ 앞판 ㅣ 뒤판 ㅣ 소매 ㅣ 목둘레 안단

● 재료

겉감 : 리넨(짙은 남색) … 110cm 폭   S 4.1m
                                   M 4.2m
                                   L 4.3m

접착심지 … 40cm×50cm(뒤판 안단, 목둘레 안단)

지름 0.9cm 단추 … 5개

● 만드는 순서

1. 다트를 박는다.
2. 어깨선과 옆선을 쌈솔로 박는다.
3. 목둘레선에 안단을 달고 뒤쪽 안단을 두 번 접어서 스티치한다.
4. 소매를 만들어서 단다.
5. 스커트와 몸판을 잇는다.
6. 밑단을 두 번 접어서 스티치한다.
7. 단춧구멍을 만들고 단추를 단다.

● 옷감을 마름질하는 법

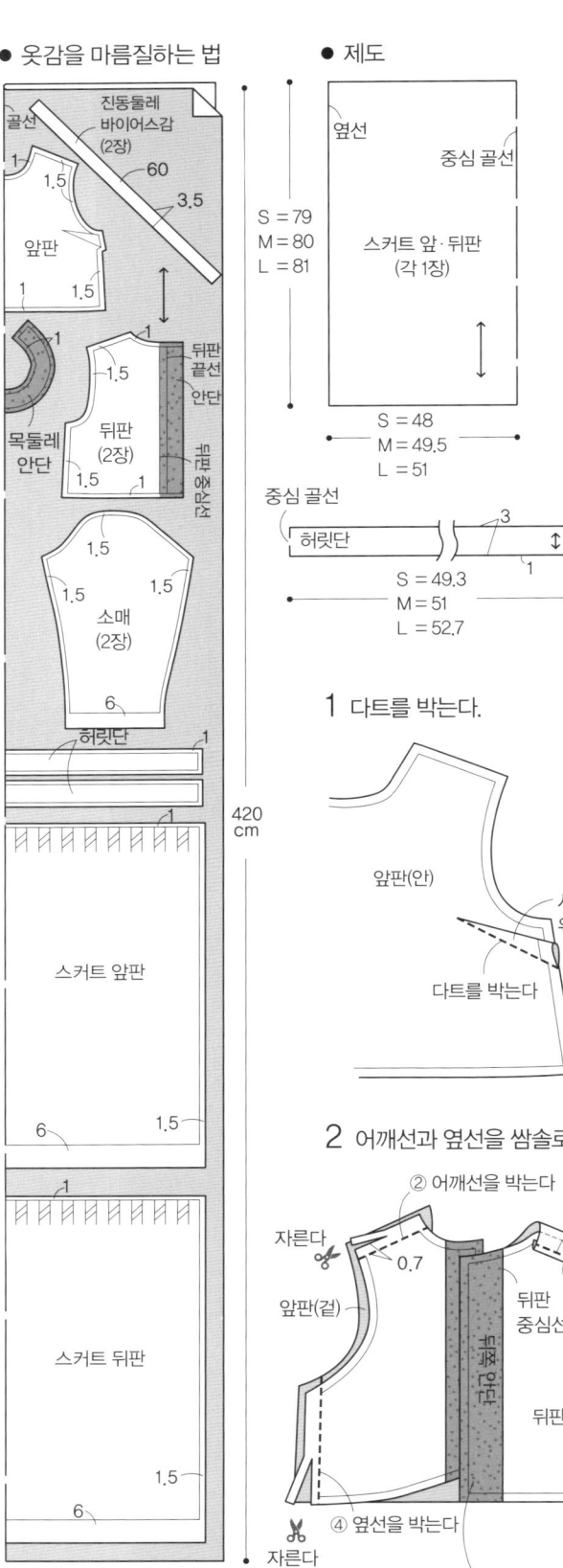

※ 마름질하는 법 그림은 M 사이즈 기준
※ ▨▨ 는 접착심지를 붙인다

420 cm

110cm 폭

● 제도

엽선   중심 골선

S = 79
M = 80
L = 81

스커트 앞·뒤판 (각 1장)

S = 48
M = 49.5
L = 51

중심 골선

허릿단   3   ↕
              1

S = 49.3
M = 51
L = 52.7

1 다트를 박는다.

앞판(안)

시접은 위로 넘긴다

다트를 박는다

2 어깨선과 옆선을 쌈솔로 박는다.

② 어깨선을 박는다
③ 쌈솔(→ P.34)
자른다 ✂ 0.7
앞판(겉)   뒤판 중심선
뒤판 안단
뒤판(안)
✂   ④ 옆선을 박는다   ⑤ 쌈솔(→ P.34)
자른다   ① 접착심지를 붙인다

3 목둘레선에 안단을 달고 뒤쪽 안단을
두 번 접어서 스티치한다.

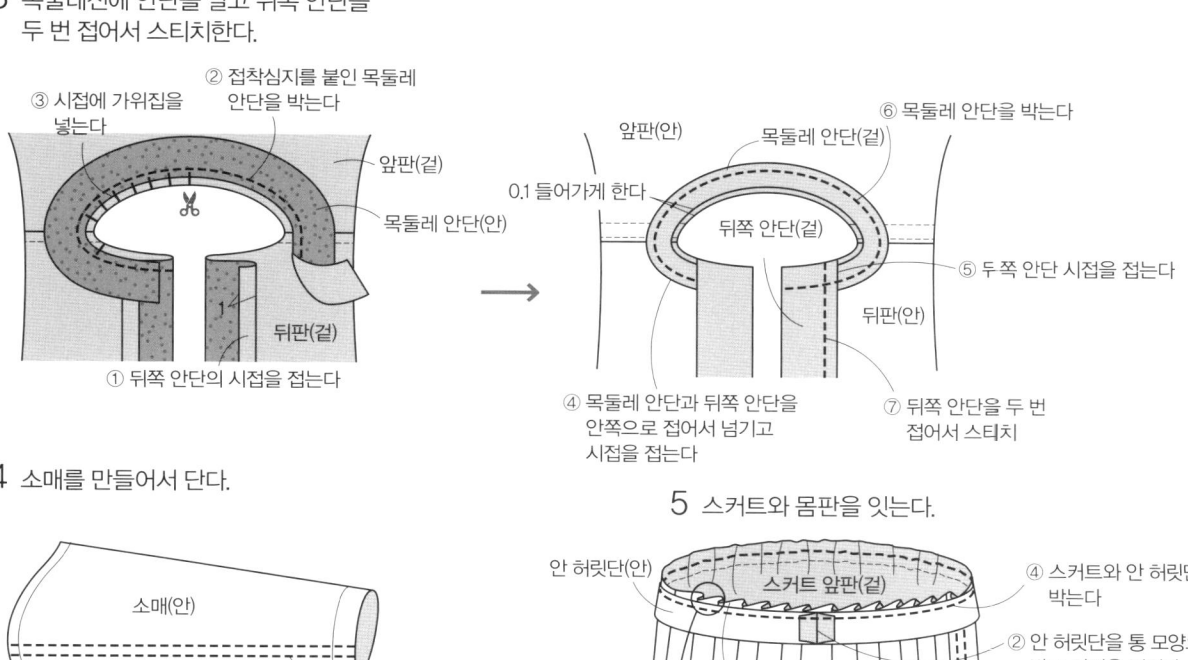

③ 시접에 가위집을 넣는다

② 접착심지를 붙인 목둘레 안단을 박는다

앞판(겉)

목둘레 안단(안)

① 뒤쪽 안단의 시접을 접는다

앞판(안)

0.1 들어가게 한다

목둘레 안단(겉)

⑥ 목둘레 안단을 박는다

뒤쪽 안단(겉)

⑤ 뒤쪽 안단 시접을 접는다

뒤판(겉)

뒤판(안)

④ 목둘레 안단과 뒤쪽 안단을 안쪽으로 접어서 넘기고 시접을 접는다

⑦ 뒤쪽 안단을 두 번 접어서 스티치

4 소매를 만들어서 단다.

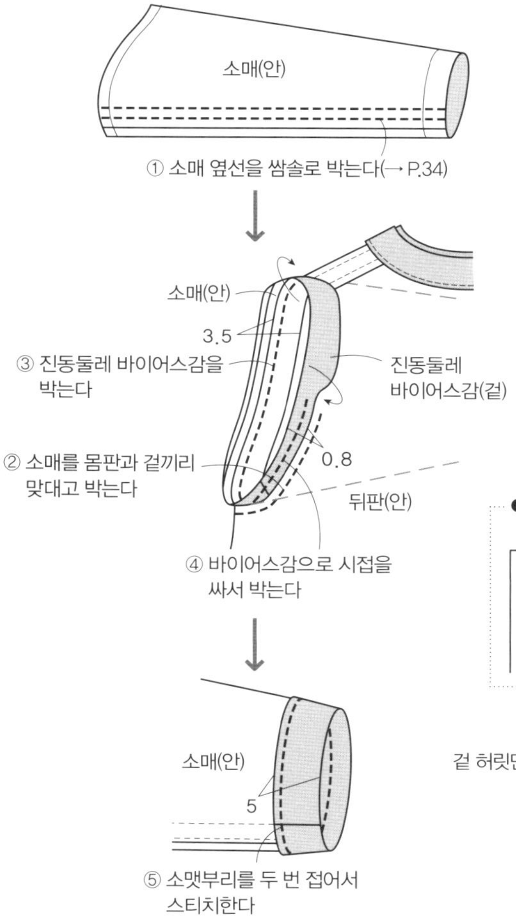

소매(안)

① 소매 옆선을 쌈솔로 박는다(→ P.34)

소매(안)

3.5

③ 진동둘레 바이어스감을 박는다

진동둘레 바이어스감(겉)

② 소매를 몸판과 겉끼리 맞대고 박는다

0.8

뒤판(안)

④ 바이어스감으로 시접을 싸서 박는다

소매(안)

5

⑤ 소맷부리를 두 번 접어서 스티치한다

● 접박기 치수

● : S = 2.9   M = 3   L = 3.1

5 스커트와 몸판을 잇는다.

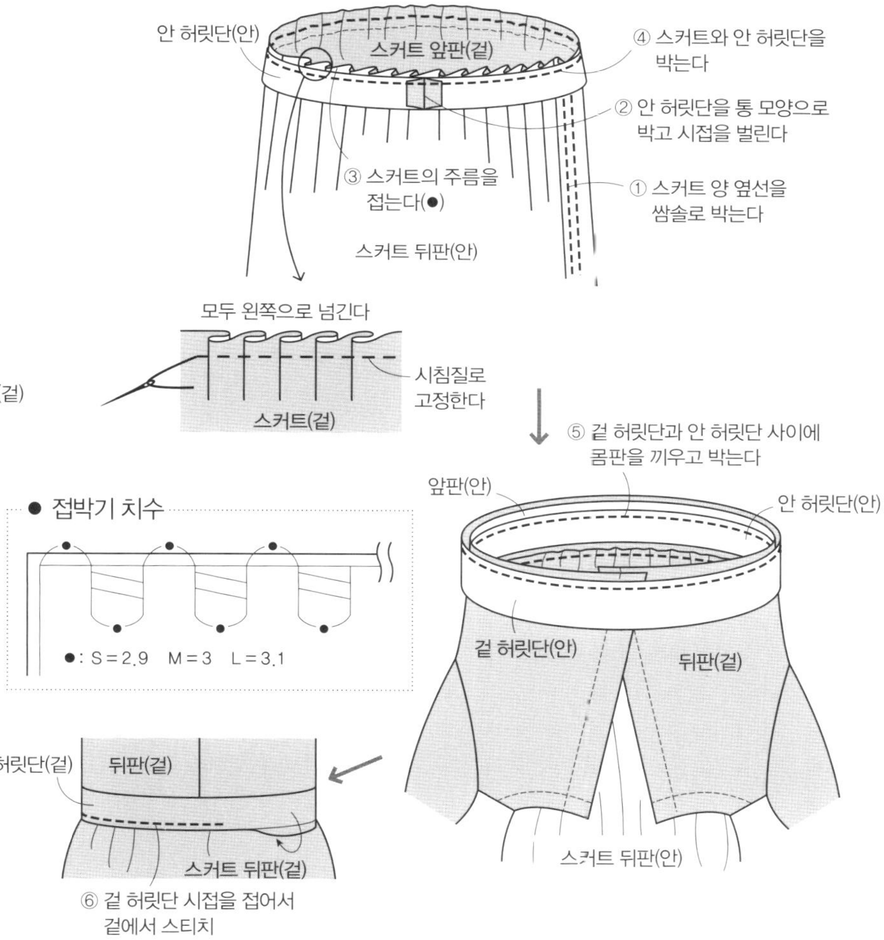

안 허릿단(안)

스커트 앞판(겉)

④ 스커트와 안 허릿단을 박는다

② 안 허릿단을 통 모양으로 박고 시접을 벌린다

③ 스커트의 주름을 접는다(●)

① 스커트 양 옆선을 쌈솔로 박는다

스커트 뒤판(안)

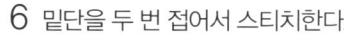

모두 왼쪽으로 넘긴다

시침질로 고정한다

스커트(겉)

⑤ 겉 허릿단과 안 허릿단 사이에 몸판을 끼우고 박는다

앞판(안)

안 허릿단(안)

겉 허릿단(안)

뒤판(겉)

스커트 뒤판(안)

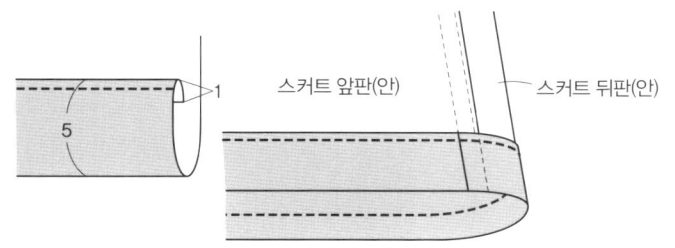

겉 허릿단(겉)

뒤판(겉)

스커트 뒤판(겉)

⑥ 겉 허릿단 시접을 접어서 겉에서 스티치

6 밑단을 두 번 접어서 스티치한다.

1

5

스커트 앞판(안)

스커트 뒤판(안)

7 단춧구멍을 만들고 단추를 단다.

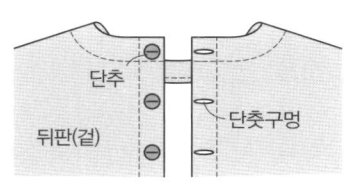

단추

뒤판(겉)

단춧구멍

m 플랫 칼라 반소매 원피스

목둘레에 옷깃을 달고 앞판에 단추를 단 귀여운 스타일의 반소매 원피스입니다.

● 완성 치수

S 가슴둘레 95cm 전체 길이 121cm
M 가슴둘레 99cm 전체 길이 122.5cm
L 가슴둘레 103cm 전체 길이 124cm

● 실물 크기 옷본

C면 m 앞판 m 뒤판 m 옷깃 m 소매
A면 m 주머니

● 재료

겉감 : 리넨(차콜) … 110cm 폭 S 3.5m
M 3.6m
L 3.7m

접착심지 … 20cm×60cm(앞판 안단, 안깃, 주머니 입구)
지름 0.8㎝ 단추 … 5개

● 만드는 순서

1. 앞판의 안단 가장자리를 두 번 접어서 스티치한다.
2. 다트를 박는다.
3. 어깨선과 옆선을 쌈솔로 박는다.
4. 옷깃을 만들어서 단다.
5. 소매를 만들어서 단다.
6. 스커트 양 옆선을 주머니를 달면서 박고 몸판과 잇는다.
7. 밑단을 두 번 접어서 스티치한다.
8. 단춧구멍을 만들고 단추를 단다.

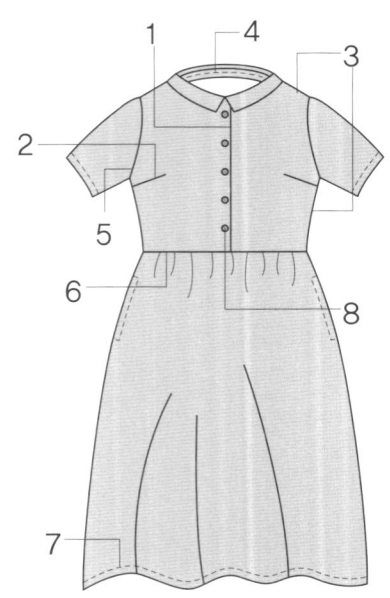

● 옷감을 마름질하는 법

※ 마름질하는 법 그림은
M 사이즈 기준
※ ▬▬ 는 접착심지를
붙인다

● 제도

옆선
중심 골선

스커트 앞 · 뒤판
(각 1장)

S = 82
M = 83
L = 83.5

S = 48
M = 50
L = 52

1 앞판의 안단 가장자리를 두 번 접어서 스티치한다.

① 접착심지를
붙인다
7.5
스티치

오른쪽 앞판(안)

0.5
0.5
0.5

② 안단 가장자리를 두 번 접어서
스티치한다

※ 왼쪽 앞판도 같은 방법으로
박는다.

2 다트를 박는다.

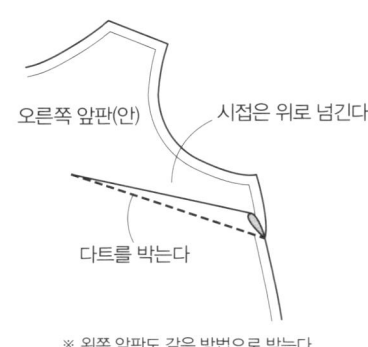

오른쪽 앞판(안)
시접은 위로 넘긴다
다트를 박는다

※ 왼쪽 앞판도 같은 방법으로 박는다

3 어깨선과 옆선을 쌈솔로 박는다.

① 어깨선을 박는다

② 쌈솔(→ P.34)

뒤판(겉)

앞판(안)

③ 옆선을 박는다

④ 쌈솔(→ P.34)

4 옷깃을 만들어서 단다.

안깃(안)

② 겉깃과 안깃을 겉끼리 맞대고 박아서 겉으로 뒤집는다

겉깃(겉)

① 안깃에 접착심지를 붙인다

급한 곡선에는 가위집을 넣는다

③ 옷깃과 바이어스감을 겹쳐서 목둘레선을 박는다

뒤판(안)

3

목둘레 바이어스감(안)

앞판(겉)

겉깃(겉)

안단을 접는다

앞판 중심선

옷깃은 앞판 중심선에 맞춘다

⑤ 안단을 겉으로 뒤집는다

겉깃(겉)

2

⑥ 바이어스감에 스티치한다

안단 (겉)

앞판(안)

5 소매를 만들어서 단다.

소매(겉)

① 소매 옆선을 쌈솔로 박는다(→ P.34)

소매(안)

③ 진동둘레 바이어스감을 박는다

진동둘레 바이어스감(겉)

3.5

② 소매를 몸판과 겉끼리 맞대고 박는다

0.8

뒤판(안)

1.5

④ 바이어스감으로 시접을 싸서 박는다(→ P.34)

⑤ 소맷부리를 두 번 접어서 스티치한다

소매(안)

2

6 스커트 양 옆선을 주머니를 달면서 박고 몸판을 잇는다.

뒤판 중심선

스커트 뒤판(겉)

옆선

옆선

뒤판(안)

앞판 중심선

스커트(안)

① 스커트 옆선을 두 번 접어서 스티치한다

③ 주름을 잡아서 몸판과 겉끼리 맞대고 박은 뒤에 바이어스감으로 시접을 싸서 처리한다(→ P.47-8)

② 주머니를 달면서 옆선을 박는다(→ P.35)

7 밑단을 두 번 접어서 스티치한다.

2

1

스커트(안)

8 단춧구멍을 만들고 단추를 단다.

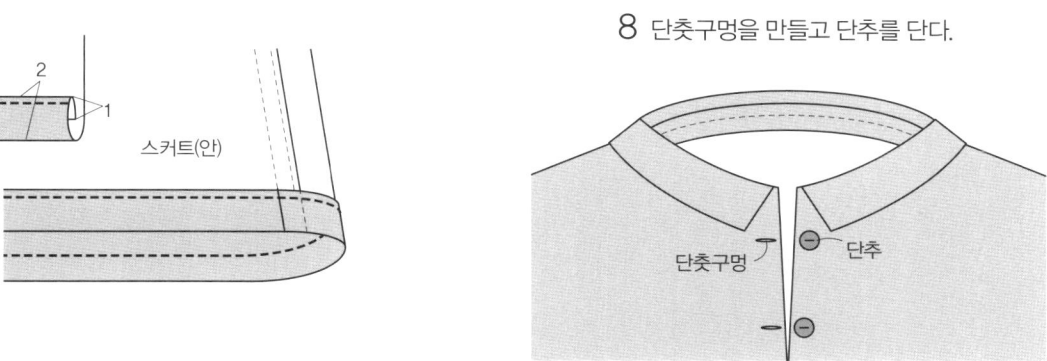

단춧구멍

단추

n 어깨끈을 단 접박기 스커트

앞치마로 입기에 편하고 일상복으로도 좋은 어깨끈을 단 접박기 스커트입니다.

● 완성 치수

S 허리둘레 76cm 스커트 길이 86.5cm
M 허리둘레 80cm 스커트 길이 87.5cm
L 허리둘레 84cm 스커트 길이 88.5cm

● 재료

겉감 : 리넨(블랙) … 110cm 폭 S 3m
　　　　　　　　　　　　　　 M 3.1m
　　　　　　　　　　　　　　 L 3.2m

22cm 콘실 지퍼 … 1개
지름 1.2cm 단추 … 4개
의류용 걸고리 … 1쌍

● 만드는 순서

1. 스커트 양 옆선을 두 번 접어서 스티치한다.
2. 지퍼 트임을 남기고 왼쪽 옆선을 박은 뒤에 지퍼를 단다.
3. 오른쪽 옆선을 박고 주름을 잡는다.
4. 허릿단을 단다.
5. 밑단을 두 번 접어서 스티치한다.
6. 어깨끈을 만든다.
7. 단추와 걸고리를 단다.

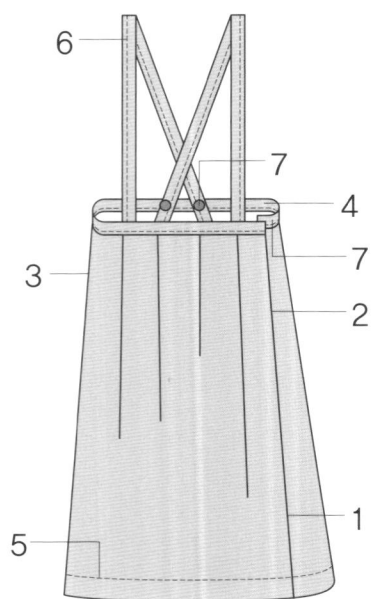

● 옷감을 마름질하는 법

골선

1
스커트 앞판
2
5

1
스커트 뒤판
2
5

310 cm

100
6
허릿단(1장)

1
어깨끈(2장)

110cm 폭

※ 마름질하는 법 그림은 M 사이즈 기준

● 제도

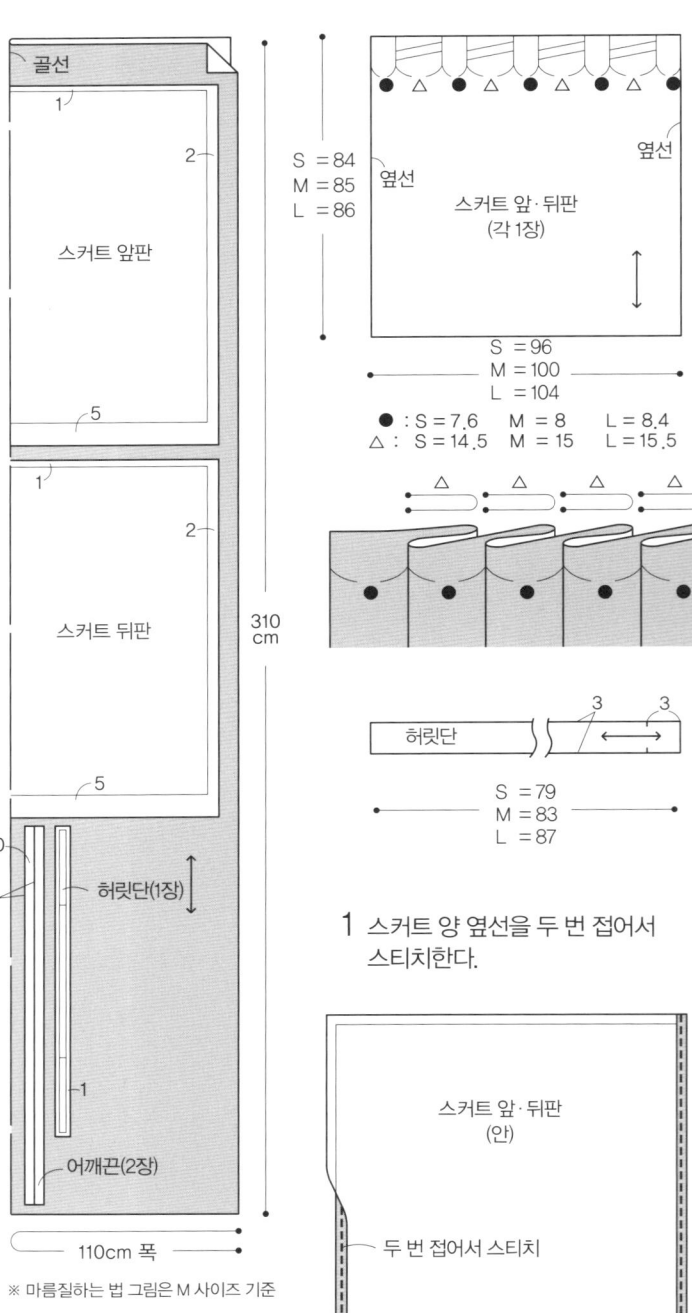

S = 84
M = 85
L = 86

옆선   옆선
스커트 앞·뒤판
(각 1장)

S = 96
M = 100
L = 104

● : S = 7.6 M = 8 L = 8.4
△ : S = 14.5 M = 15 L = 15.5

허릿단   3   3

S = 79
M = 83
L = 87

1 스커트 양 옆선을 두 번 접어서
스티치한다.

스커트 앞·뒤판
(안)

두 번 접어서 스티치

0.5

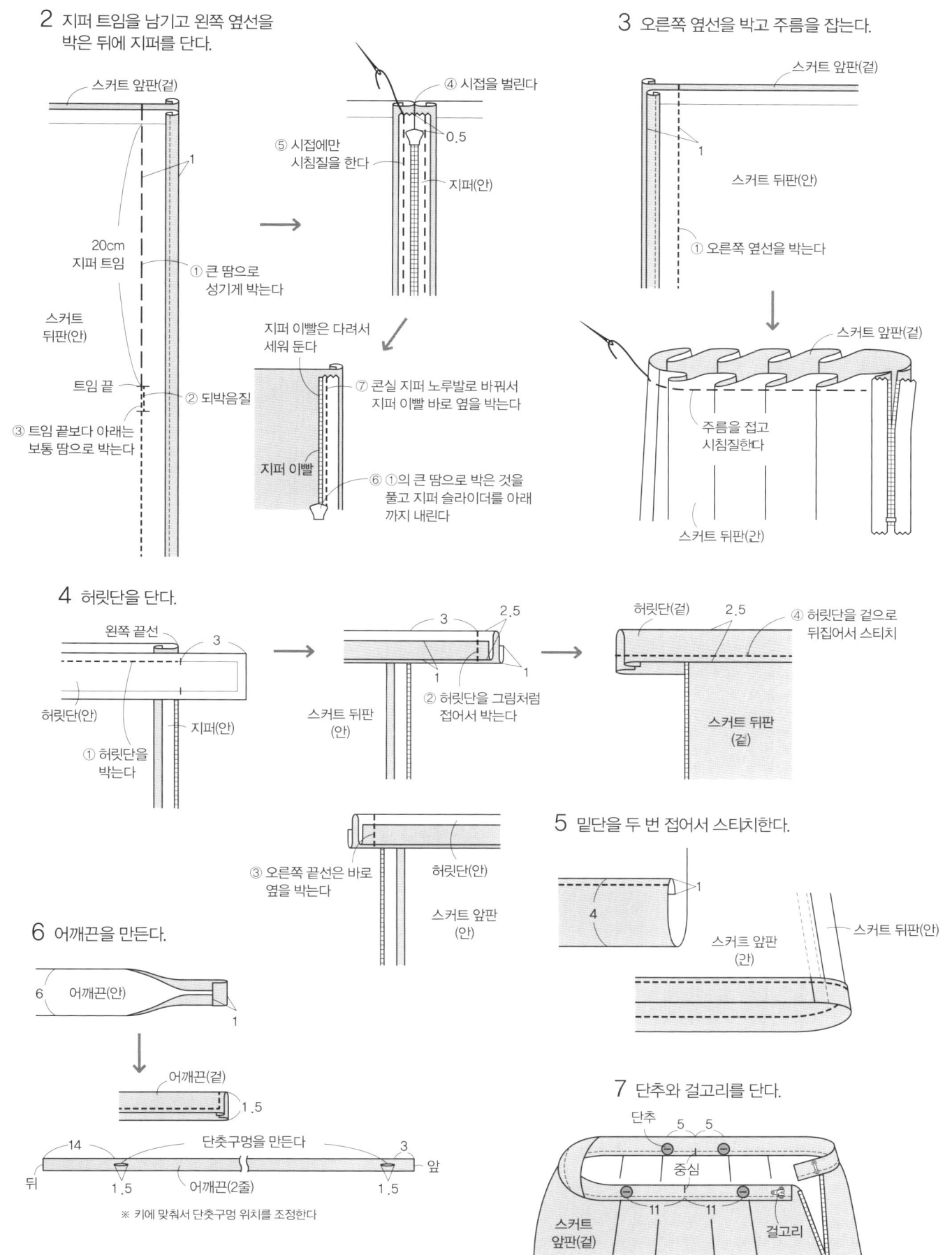

2 지퍼 트임을 남기고 왼쪽 옆선을
　박은 뒤에 지퍼를 단다.

스커트 앞판(겉)

1

20cm
지퍼 트임

스커트
뒤판(안)

트임 끝

① 큰 땀으로
　성기게 박는다

② 되박음질

③ 트임 끝보다 아래는
　보통 땀으로 박는다

④ 시접을 벌린다

⑤ 시접에만
　시침질을 한다

0.5

지퍼(안)

지퍼 이빨은 다려서
세워 둔다

지퍼 이빨

⑦ 콘실 지퍼 노루발로 바꿔서
　지퍼 이빨 바로 옆을 박는다

⑥ ①의 큰 땀으로 박은 것을
　풀고 지퍼 슬라이더를 아래
　까지 내린다

3 오른쪽 옆선을 박고 주름을 잡는다.

스커트 앞판(겉)

1

스커트 뒤판(안)

① 오른쪽 옆선을 박는다

스커트 앞판(겉)

주름을 접고
시침질한다

스커트 뒤판(안)

4 허릿단을 단다.

왼쪽 끝선

3

허릿단(안)

지퍼(안)

① 허릿단을
　박는다

3   2.5

1   1

스커트 뒤판
(안)

② 허릿단을 그림처럼
　접어서 박는다

허릿단(겉)   2.5

④ 허릿단을 겉으로
　뒤집어서 스티치

스커트 뒤판
(겉)

③ 오른쪽 끝선은 바로
　옆을 박는다

허릿단(안)

스커트 앞판
(안)

5 밑단을 두 번 접어서 스티치한다.

1

4

스커트 앞판
(안)

스커트 뒤판(안)

6 어깨끈을 만든다.

어깨끈(안)

6

1

어깨끈(겉)

1.5

14

단춧구멍을 만든다

3

뒤

1.5

어깨끈(2줄)

1.5

앞

※ 키에 맞춰서 단춧구멍 위치를 조정한다

7 단추와 걸고리를 단다.

단추

5   5

중심

11   11

스커트
앞판(겉)

걸고리

O 둥근 옷깃 블라우스

둥근 옷깃을 달고 뒤판과 소매에 주름을 넣은 블라우스입니다.
작품 n 어깨끈 접박기 스커트와 함께 입어도 잘 어울리고 블라우스만 입어도 예뻐요.

● 완성 치수

S 가슴둘레 101cm 전체 길이 69cm
M 가슴둘레 105cm 전체 길이 70cm
L 가슴둘레 109cm 전체 길이 71cm

● 실물 크기 옷본

C면 ○앞판 ○뒤판 ○옷깃 ○소매
○커프스

● 재료

겉감 : 리넨(내추럴) … 110cm 폭 S 3.1m
M 3.2m
L 3.3m

접착심지 … 60cm×80cm(앞판 안단, 안깃, 커프스)
지름 0.9cm 단추 … 9개

● 만드는 순서

1. 앞판의 안단 가장자리를 두 번 접어서 스티치한다.
2. 어깨선과 옆선을 쌈솔로 박는다.
3. 옷깃을 만들어서 단다.
4. 소매 트임을 파이핑하고 소매 옆선을 쌈솔로 박는다.
5. 소맷부리에 커프스를 단다.
6. 소매를 몸판에 단다.
7. 밑단을 두 번 접어서 스티치한다.
8. 단춧구멍을 만들고 단추를 단다.

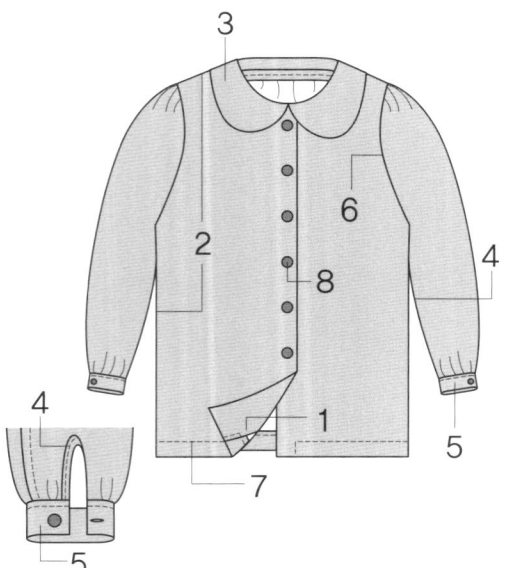

● 옷감을 마름질하는 법

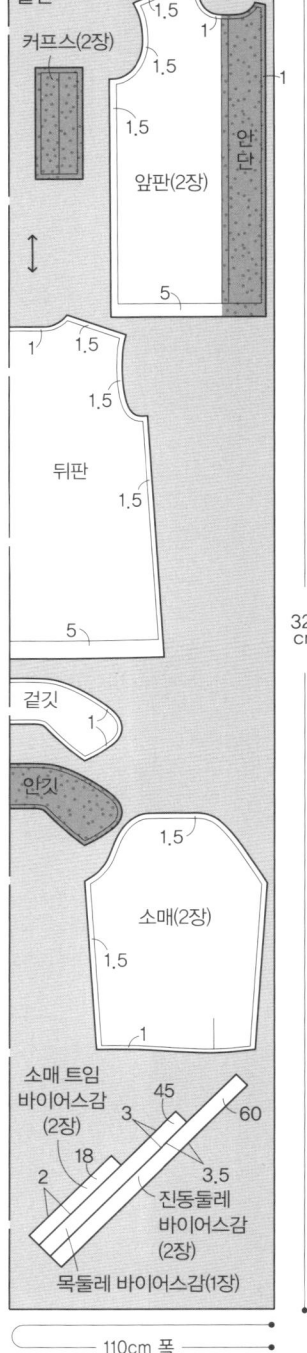

※ 마름질하는 법 그림은 M 사이즈 기준
※ ▨ 는 접착심지를 붙인다

● 제도

1 앞판의 안단 가장자리를
두 번 접어서 스티치한다.

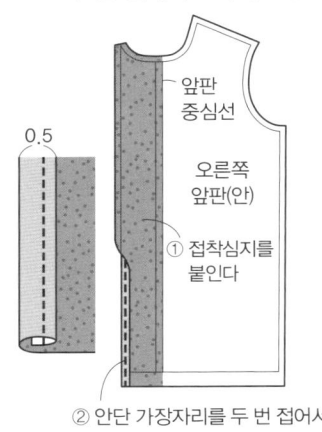

① 접착심지를 붙인다
② 안단 가장자리를 두 번 접어서 스티치한다
※ 왼쪽 앞판도 같은 방법으로 박는다.

2 어깨선과 옆선을 쌈솔로 박는다.

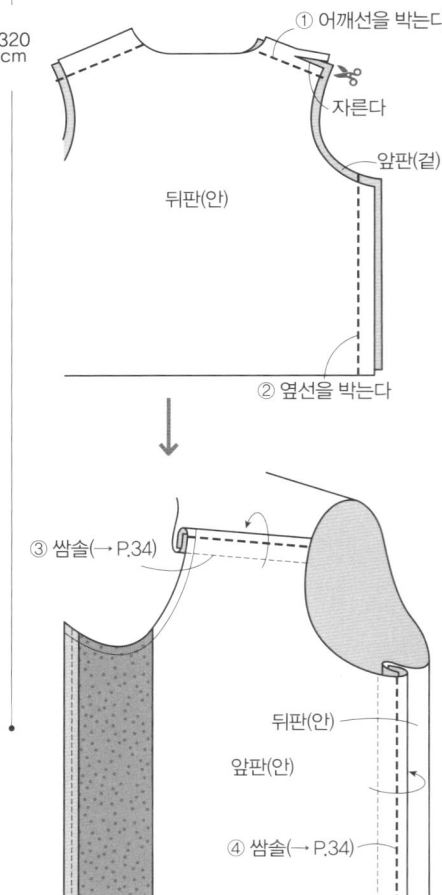

① 어깨선을 박는다
자른다
앞판(겉)
뒤판(안)
② 옆선을 박는다
③ 쌈솔(→ P.34)
④ 쌈솔(→ P.34)
뒤판(안)
앞판(안)

3 옷깃을 만들어서 단다.

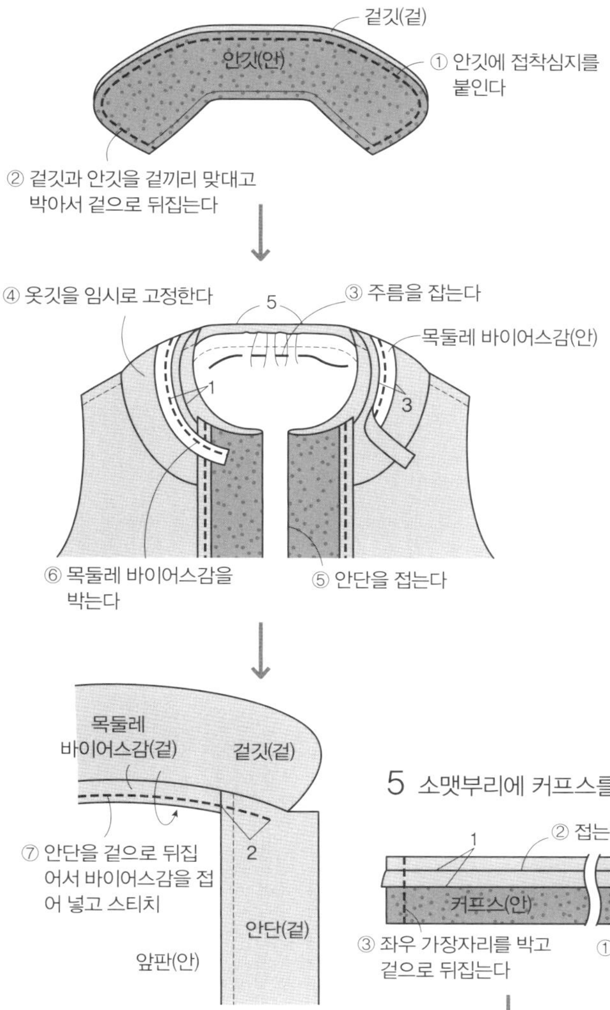

겉깃(겉)
안깃(안)
① 안깃에 접착심지를 붙인다

② 겉깃과 안깃을 겉끼리 맞대고 박아서 겉으로 뒤집는다

④ 옷깃을 임시로 고정한다
5
③ 주름을 잡는다
목둘레 바이어스감(안)
1
3
⑥ 목둘레 바이어스감을 박는다
⑤ 안단을 접는다

목둘레 바이어스감(겉)
겉깃(겉)
2
⑦ 안단을 겉으로 뒤집어서 바이어스감을 접어 넣고 스티치
앞판(안)

4 소매 트임을 파이핑으로 처리하고(→ P.35) 소매 옆선을 쌈솔로 박는다.

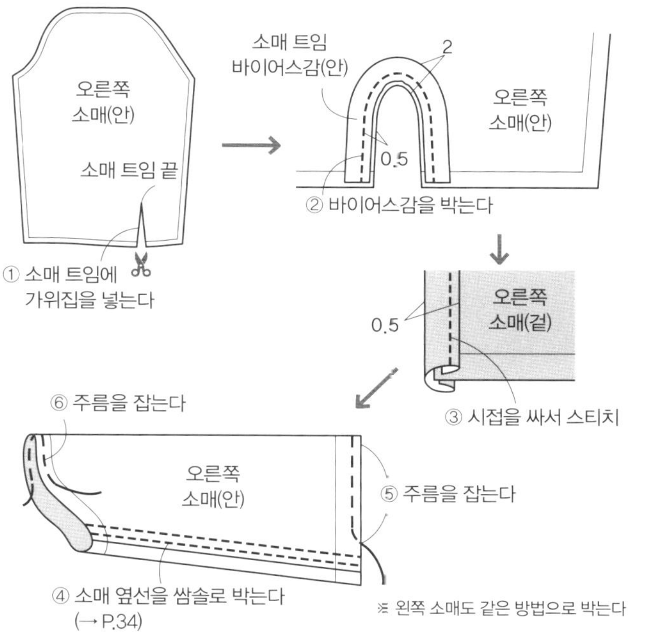

오른쪽 소매(안)
소매 트임 끝
① 소매 트임에 가위집을 넣는다

소매 트임 바이어스감(안)
2
오른쪽 소매(안)
0.5
② 바이어스감을 박는다

0.5
오른쪽 소매(겉)
③ 시접을 싸서 스티치

⑥ 주름을 잡는다
오른쪽 소매(안)
⑤ 주름을 잡는다
④ 소매 옆선을 쌈솔로 박는다 (→ P.34)

※ 왼쪽 소매도 같은 방법으로 박는다

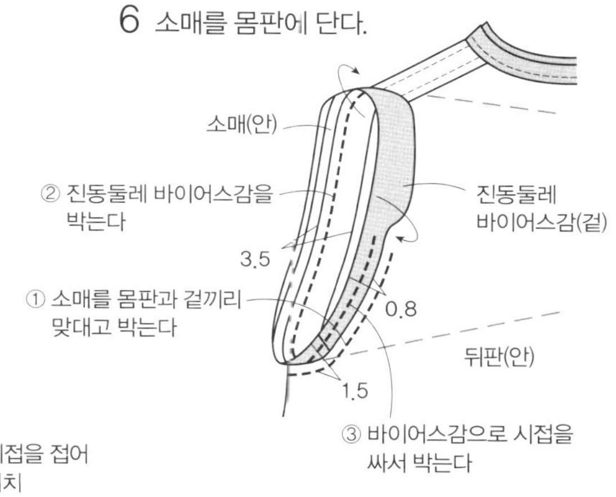

5 소맷부리에 커프스를 단다.

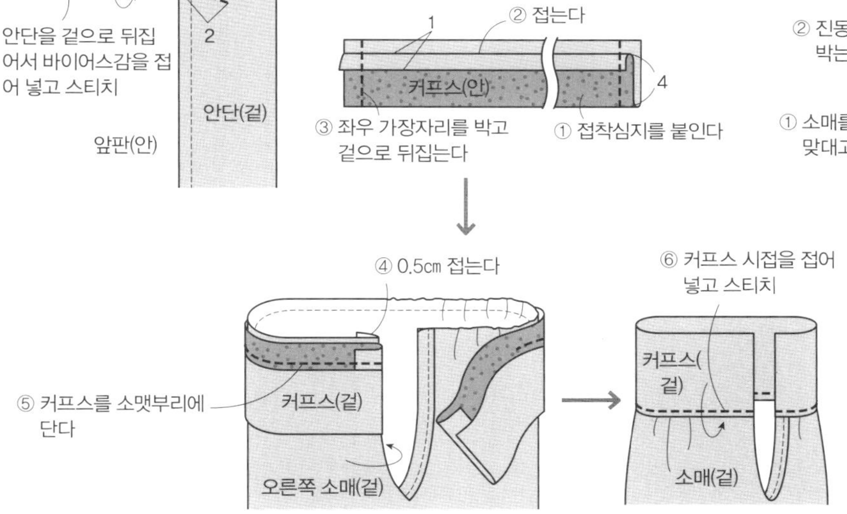

1
② 접는다
커프스(안)
4
③ 좌우 가장자리를 박고 겉으로 뒤집는다
① 접착심지를 붙인다

④ 0.5cm 접는다
⑥ 커프스 시접을 접어 넣고 스티치
⑤ 커프스를 소맷부리에 단다
커프스(겉)
오른쪽 소매(겉)
커프스(겉)
소매(겉)

6 소매를 몸판에 단다.

소매(안)
② 진동둘레 바이어스감을 박는다
3.5
① 소매를 몸판과 겉끼리 맞대고 박는다
진동둘레 바이어스감(겉)
0.8
뒤판(안)
1.5
③ 바이어스감으로 시접을 싸서 박는다

7 밑단을 두 번 접어서 스티치한다.

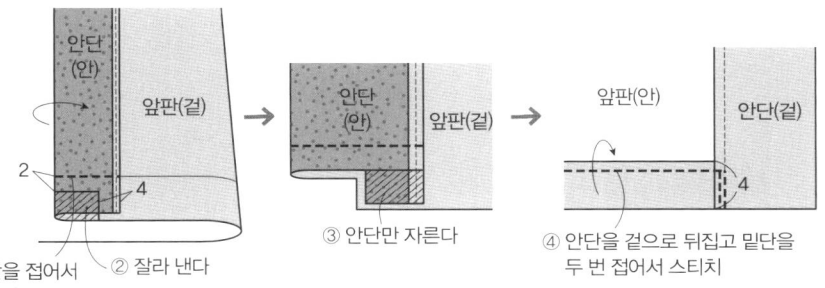

안단(안)
앞판(겉)
2
4
① 안단을 접어서 박는다
② 잘라 낸다

안단(안)
앞판(겉)
③ 안단만 자른다

앞판(안)
안단(겉)
4
④ 안단을 겉으로 뒤집고 밑단을 두 번 접어서 스티치

8 단춧구멍을 만들고 단추를 단다.

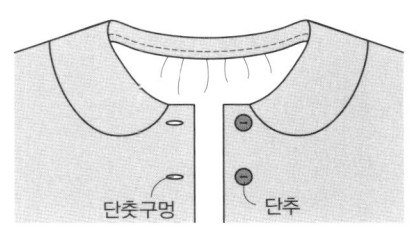

단춧구멍
단추

p 가벼운 정장 스타일 원피스

내추럴 컬러 원피스 목둘레선에 주름을 잡고 블랙 컬러 옷깃을 달아 만든 가벼운 정장 스타일 원피스입니다.

● 완성 치수

S　가슴둘레 125cm　전체 길이 123.5cm
M　가슴둘레 129cm　전체 길이 125cm
L　가슴둘레 133cm　전체 길이 126.5cm

● 실물 크기 옷본

D면　p 앞판　p 뒤판　p 옷깃　p 소매

● 재료

겉감 : 리넨(내추럴) … 140cm 폭　S　2.8m
　　　　　　　　　　　　　　M　2.9m
　　　　　　　　　　　　　　L　3m

별도 옷감 : 리넨(블랙) … 140cm 폭 50cm

접착심지 … 50cm×50cm(옷깃)

지름 0.9cm 단추 … 1개

● 만드는 순서

1. 뒤트임을 파이핑으로 처리한다.
2. 어깨선과 옆선을 쌈솔로 박는다.
3. 옷깃을 만들고 목둘레에 주름을 잡는다.
4. 옷깃을 몸판에 단다.
5. 소매를 만들어서 단다.
6. 밑단을 두 번 접어서 스티치한다.
7. 단추를 단다.

● 옷감을 마름질하는 법

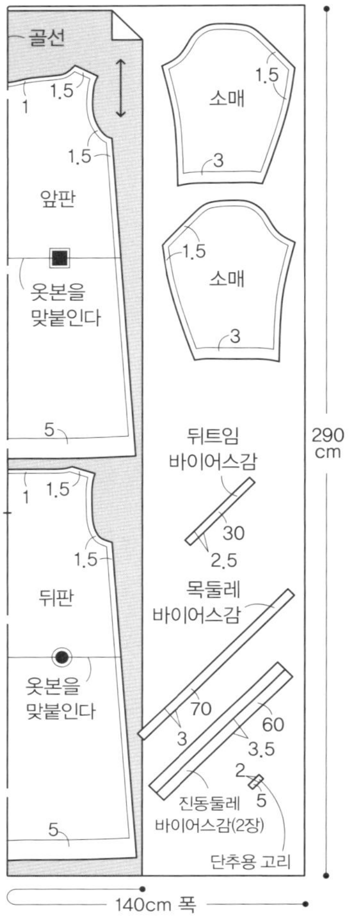

골선
앞판
옷본을 맞붙인다
뒤판
옷본을 맞붙인다
5
1　1.5
1.5
1.5
5
1　1.5
1.5
290 cm
140cm 폭

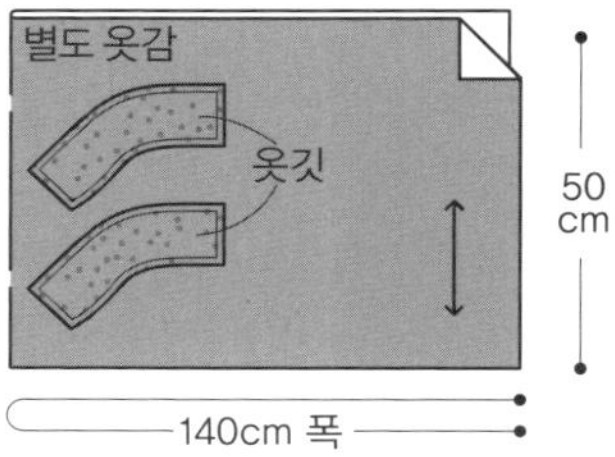

뒤트임 바이어스감
30　2.5
목둘레 바이어스감
70　60
3　3.5
2　5
진동둘레 바이어스감(2장)
단추용 고리

소매 1.5 3
소매 1.5 3

별도 옷감
옷깃
50 cm
140cm 폭

※ 마름질하는 법 그림은 M 사이즈 기준
※ ▧▧▧ 는 접착심지를 붙인다

1 뒤트임을 파이핑으로 처리한다(→ P.35).

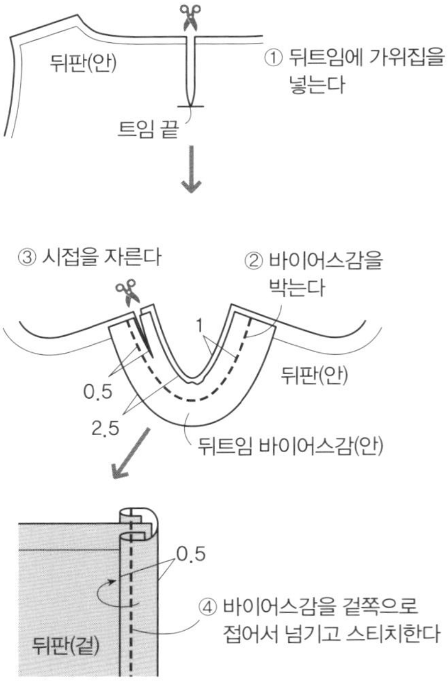

뒤판(안)
① 뒤트임에 가위집을 넣는다
트임 끝

③ 시접을 자른다
② 바이어스감을 박는다
1
0.5
2.5
뒤판(안)
뒤트임 바이어스감(안)

0.5
뒤판(겉)
④ 바이어스감을 겉쪽으로 접어서 넘기고 스티치한다

2 어깨선과 옆선을 쌈솔로 박는다 (→ P.34).

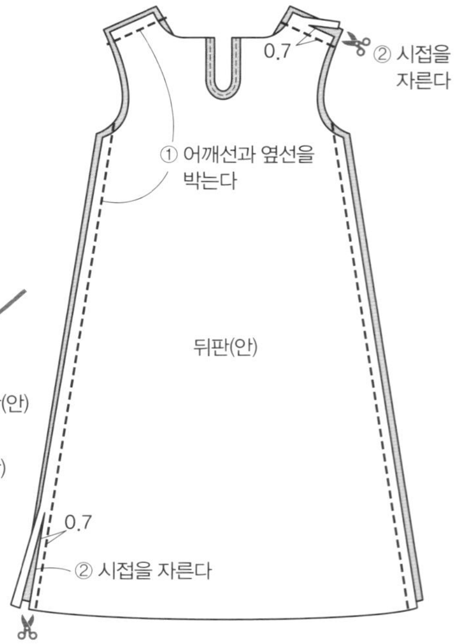

0.7
② 시접을 자른다
① 어깨선과 옆선을 박는다
뒤판(안)
0.7
② 시접을 자른다

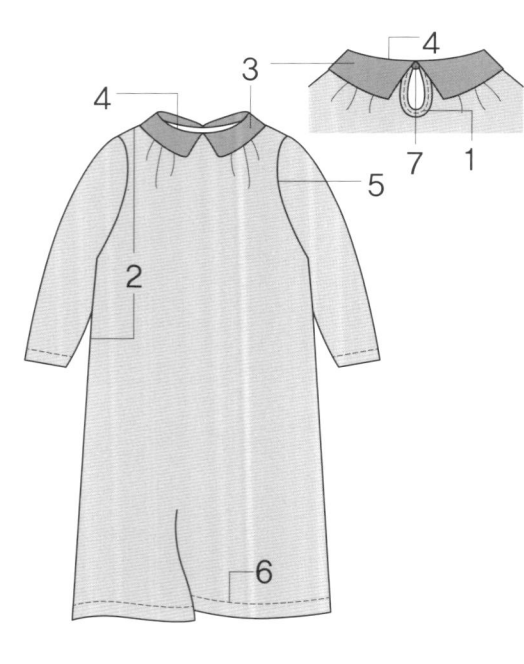

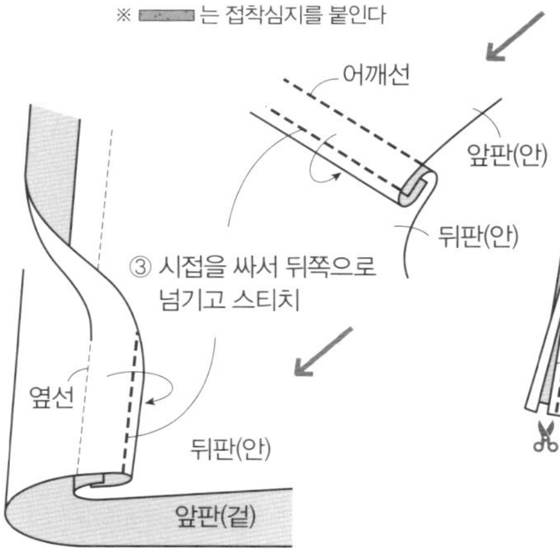

어깨선
앞판(안)
뒤판(안)
③ 시접을 싸서 뒤쪽으로 넘기고 스티치
옆선
뒤판(안)
앞판(겉)

4
3
4
5
2
6

4
7 1

3 옷깃을 만들고 목둘레에 주름을 잡는다.

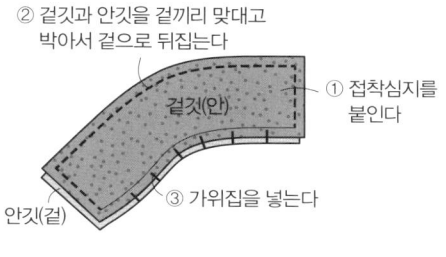

② 겉깃과 안깃을 겉끼리 맞대고
박아서 겉으로 뒤집는다

① 접착심지를
붙인다

겉깃(안)

안깃(겉)

③ 가위집을 넣는다

※ 다른 한쪽 옷깃도 같은 방법으로 박는다

④ 목둘레선 네 군데에
주름을 잡는다

앞판(겉)

진동둘레

뒤판(겉)

4 옷깃을 몸판에 단다.

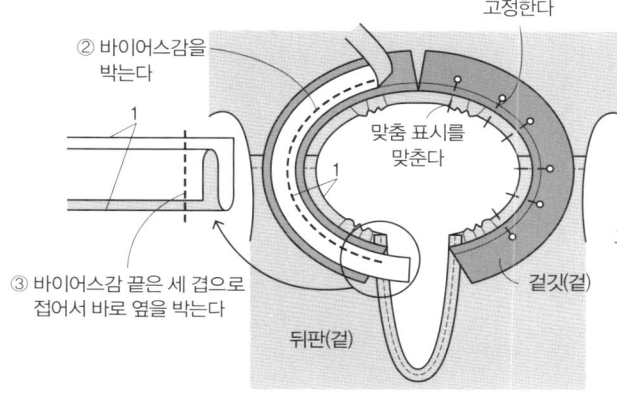

① 옷깃을 임시로
고정한다

② 바이어스감을
박는다

맞춤 표시를
맞춘다

③ 바이어스감 끝은 세 겹으로
접어서 바로 옆을 박는다

뒤판(겉)

겉깃(겉)

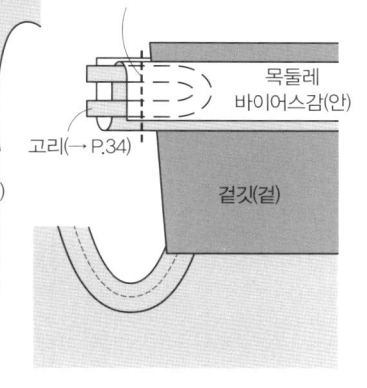

④ 오른쪽 깃 쪽은 고리를 끼우고
옷감 끝을 세 겹으로 접어서
바로 옆을 박는다

목둘레
바이어스감(안)

고리(→ P.34)

겉깃(겉)

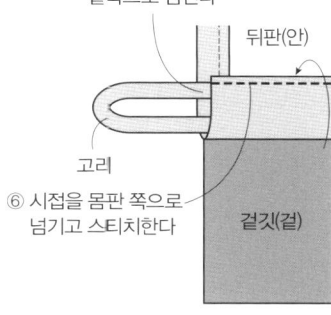

⑤ 솔기에서 접어서 바이어스감을
겉쪽으로 넘긴다

뒤판(안)

고리

⑥ 시접을 몸판 쪽으로
넘기고 스티치한다

겉깃(겉)

5 소매를 만들어서 단다.

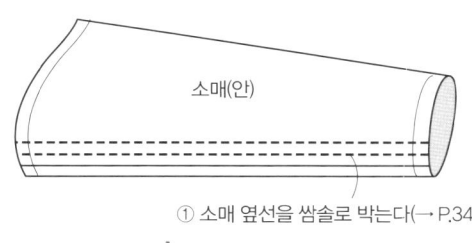

소매(안)

① 소매 옆선을 쌈솔로 박는다(→ P.34)

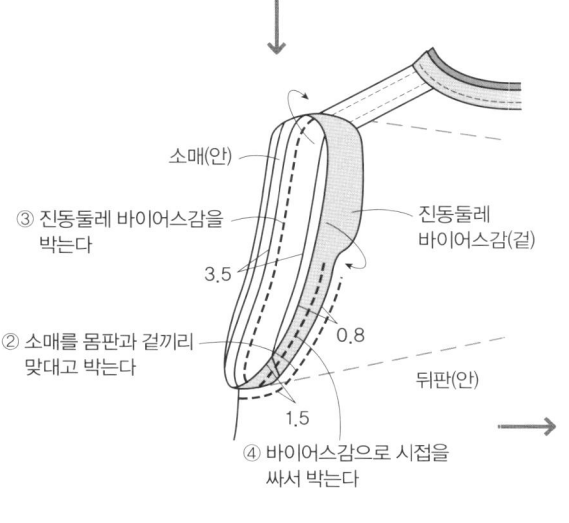

소매(안)

③ 진동둘레 바이어스감을
박는다

3.5

② 소매를 몸판과 겉끼리
맞대고 박는다

0.8

진동둘레
바이어스감(겉)

뒤판(안)

1.5

④ 바이어스감으로 시접을
싸서 박는다

소매(안)

2

⑤ 소맷부리를 두 번 접어서
스티치한다

6 밑단을 두 번 접어서 스티치한다.

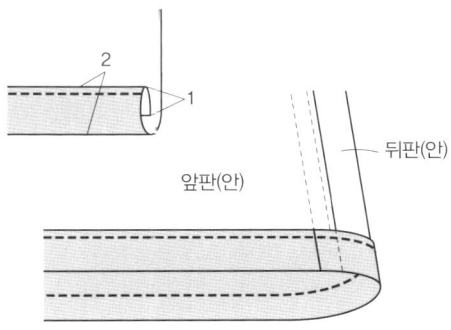

2

1

앞판(안)

뒤판(안)

7 단추를 단다.

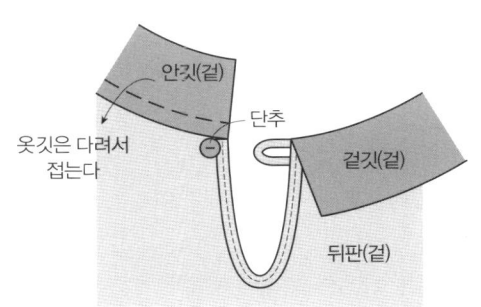

안깃(겉)

단추

옷깃은 다려서
접는다

겉깃(겉)

뒤판(겉)

q 주름이 풍성한 허리 앞치마

원피스나 긴 스커트 위에 덧입으면 멋스러우면서도 실용적인 주름이 풍성한 허리 앞치마입니다.

● 완성 치수

앞치마 길이 84cm

● 재료

겉감 : 리넨(그레이베이지 스트라이프) … 140cm 폭 1.2m

● 만드는 순서

1. 주머니를 단다.
2. 뒤판 끝선을 두 번 접어서 스티치한다.
3. 허리선에 주름을 잡아서 허릿단 끈을 단다.
4. 밑단을 두 번 접어서 스티치한다.

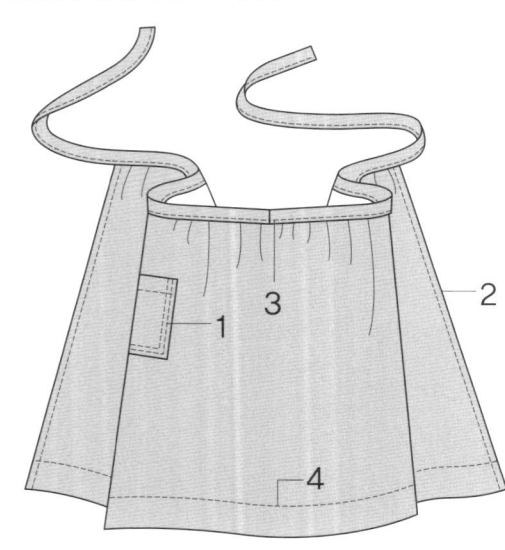

● 옷감을 마름질하는 법

골선
18
주머니
3
(1장)
22
허릿단 끈(2장)
1
1
64
91
몸판
120 cm
84
2
4
10
140 cm 폭

12
24
몸판(겉)
주머니 위치

1 주머니를 단다.

① 주머니 입구를 두 번 접어서 스티치
3
2
주머니(안)
1
2
1
② 3변의 시접을 다려서 접어 넣는다

몸판(겉)
되박음질 한다
주머니(겉)
0.6
0.2
③ 몸판에 주머니를 박는다

2 뒤판 끝선을 두 번 접어서 스티치한다.

1
몸판(안)

3 허리선에 주름을 잡아서 허릿단 끈을 단다.

자른다
허릿단 끈(겉)
2
허릿단 끈(안)
1
1 자른다
① 허릿단 끈 2장을 겉끼리 맞대어 박고 모서리 부분을 대각선으로 자른다.

③ 70으로 줄인다
1
② 시접을 벌린다
몸판(겉)
허릿단 끈(겉)
④ 허릿단 끈을 박는다
⑤ 끈 끝에서 계속해서 박는다

★
② ★에서 겉으로 뒤집어서 스티치
1
몸판(겉)

4 밑단을 두 번 접어서 스티치한다.

몸판(안)
1
스티치
9

r 끈 조절 원피스 앞치마

목끈으로 한 번, 허리끈으로 또 한 번 두 가지로 조절할 수 있는 끈 조절 원피스 앞치마입니다.
원피스나 긴 스커트 위에 레이어드해서 입으면 좋아요.

● 완성 치수
전체 길이 91cm

● 실물 크기 옷본
D면　r 앞판　r 주머니

● 재료
겉감 : 리넨(스틸블루) ⋯ 110㎝ 폭 3.2m

● 만드는 순서

1. 주머니를 단다.
2. 앞판과 뒤판의 옆선을 쌈솔로 박는다.
3. 앞판 양 가장자리에서부터 뒤를 바이어스감으로 처리한다.
4. 앞판 위쪽 가장자리를 파이핑으로 처리하면서 목끈을 만든다.
5. 밑단을 두 번 접어서 스티치한다.
6. 끈을 만들어서 끼운다(→P.45-8).

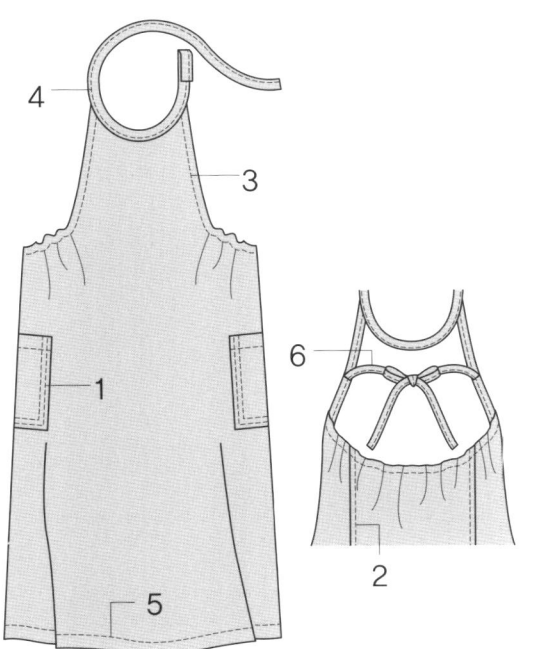

● 옷감을 마름질하는 법

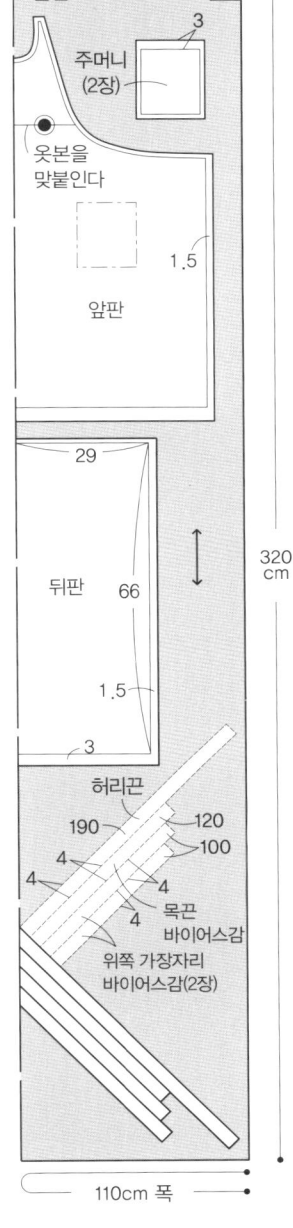

1 주머니를 단다(→ P.64-1).

2 앞판과 뒤판의 옆선을 쌈솔로 박는다.

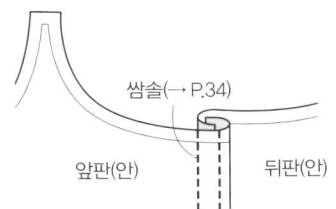

쌈솔(→ P.34)
앞판(안)　　뒤판(안)

3 앞판 양 가장자리에서부터 뒤를 바이어스감으로 처리한다.

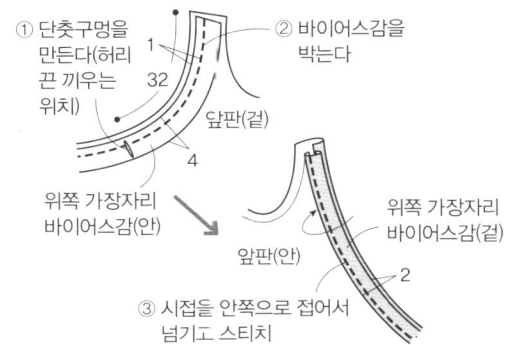

① 단춧구멍을 만든다(허리끈 끼우는 위치)
② 바이어스감을 박는다
앞판(겉)
위쪽 가장자리 바이어스감(안)
위쪽 가장자리 바이어스감(겉)
앞판(안)
③ 시접을 안쪽으로 접어서 넘기고 스티치

4 앞판 위쪽 가장자리를 파이핑으로 처리하면서 목끈을 만든다.

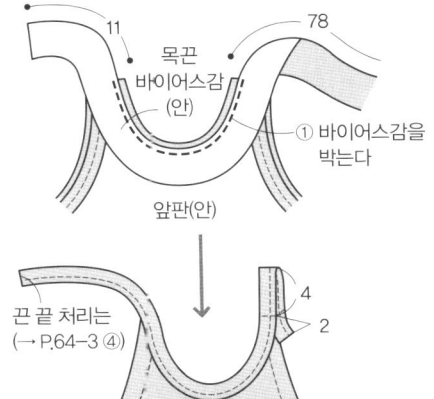

목끈 바이어스감(안)
① 바이어스감을 박는다
앞판(안)
끈 끝 처리는 (→ P.64-3 ④)
앞판(겉)

5 밑단을 두 번 접어서 스티치한다.

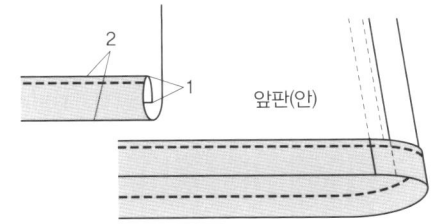

앞판(안)

6 끈을 만들어서 끼운다(→P.45-8).

S 어깨 견장 블랙 원피스

목에서부터 어깨까지 이어지는 견장 디자인이 포인트인 블랙 원피스입니다.

● 완성 치수

S 가슴둘레 95cm 전체 길이 124cm
M 가슴둘레 99cm 전체 길이 125.5cm
L 가슴둘레 103cm 전체 길이 127cm

● 실물 크기 옷본

D면 s 앞판 s 뒤판 s 앞쪽 옷깃 s 뒤쪽 옷깃
s 바깥쪽 소매 s 안쪽 소매

● 재료

겉감 : 리넨(블랙) … 140cm 폭   S 2.9m
                                M 3m
                                L 3.1m

별도 옷감 : 50cm×50cm

접착심지 … 50cm×50cm(어깨 안단, 안깃)
지름 0.9cm 단추 … 5개

● 만드는 순서

1. 오른쪽 어깨선을 쌈솔로 박는다.
2. 왼쪽 어깨선의 안단을 접어서 스티치한다.
3. 옆선을 쌈솔로 박는다.
4. 앞판과 뒤판의 주름을 접고 옷깃을 단다.
5. 소매를 만들어서 단다.
6. 밑단을 두 번 접어서 스티치한다.
7. 단춧구멍을 만들고 단추를 단다.

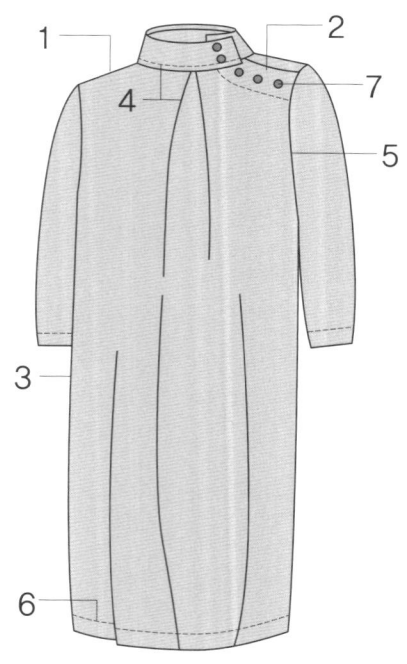

● 옷감을 마름질하는 법

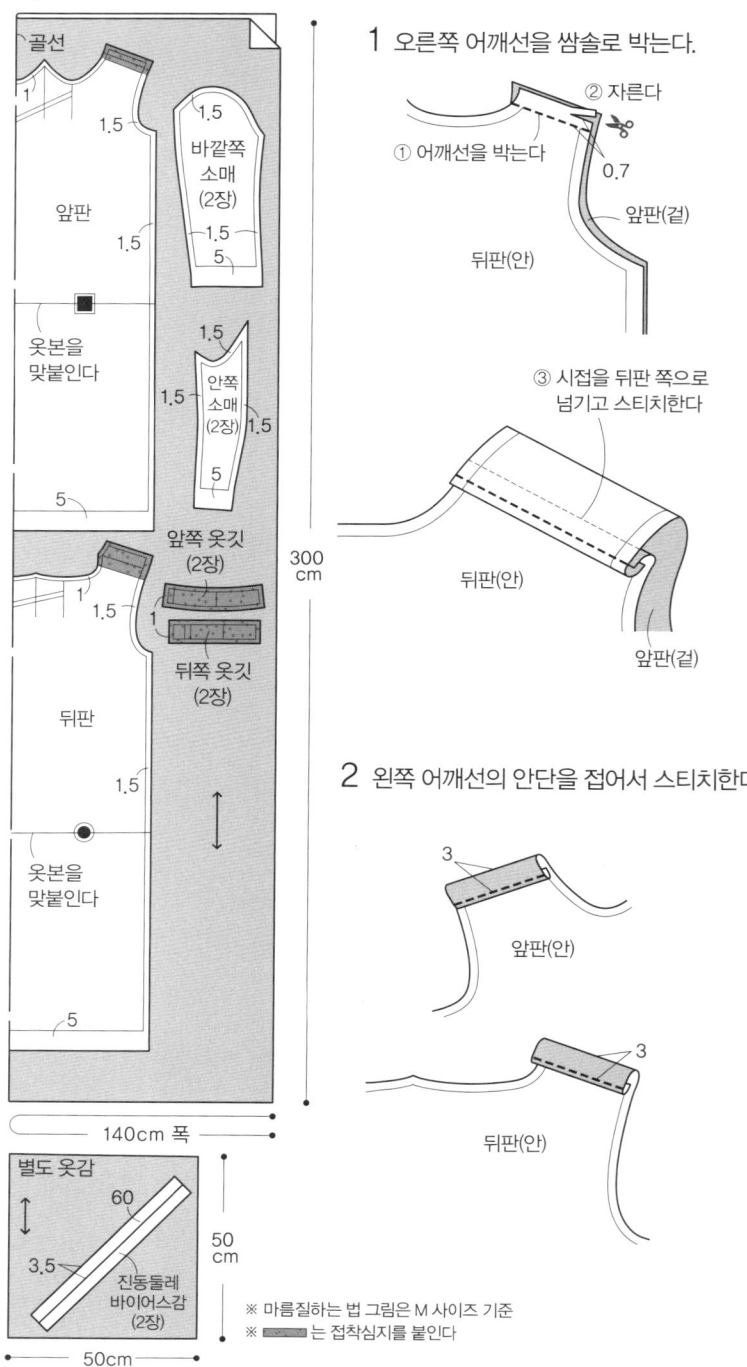

1 오른쪽 어깨선을 쌈솔로 박는다.

② 자른다
① 어깨선을 박는다
0.7
앞판(겉)
뒤판(안)

③ 시접을 뒤판 쪽으로 넘기고 스티치한다
뒤판(안)
앞판(겉)

2 왼쪽 어깨선의 안단을 접어서 스티치한다.

3
앞판(안)

3
뒤판(안)

● 어깨선 마름질하는 법

오른쪽 어깨선 | 왼쪽 어깨선 안단 | 왼쪽 어깨선 밑덧단 | 오른쪽 어깨선
1 | 1 | 1
왼쪽 어깨선
접착심지를 붙인다
1 | 1 | 1
앞판(겉) | 뒤판(겉)
1.5 | 1.5 | 1.5 | 1.5

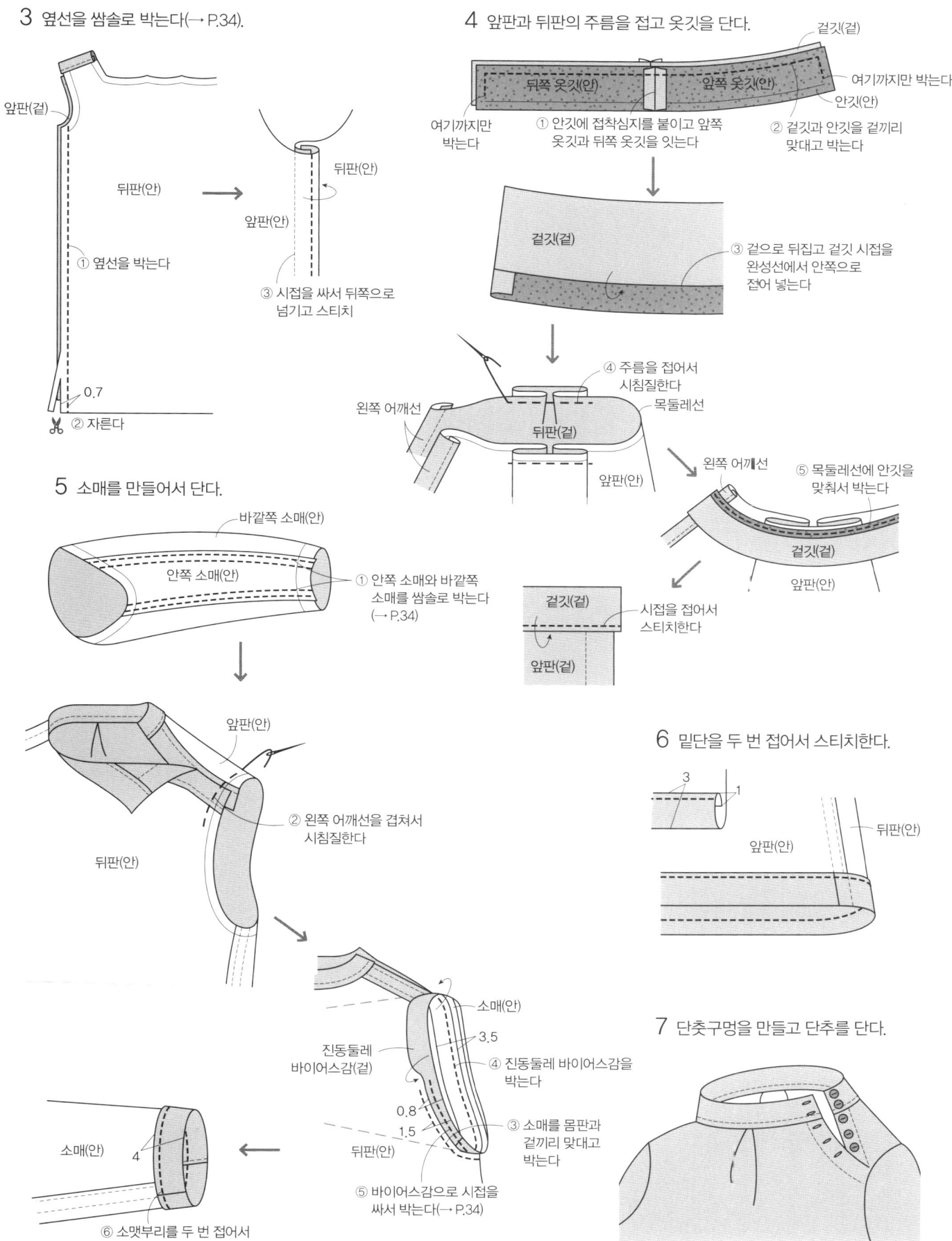

3 옆선을 쌈솔로 박는다(→ P.34).

앞판(겉)

뒤판(안)

① 옆선을 박는다

0.7

✂ ② 자른다

앞판(안)

뒤판(안)

③ 시접을 싸서 뒤쪽으로 넘기고 스티치

4 앞판과 뒤판의 주름을 접고 옷깃을 단다.

겉깃(겉)

여기까지만 박는다

뒤쪽 옷깃(안)   앞쪽 옷깃(안)

안깃(안)

여기까지만 박는다

① 안깃에 접착심지를 붙이고 앞쪽 옷깃과 뒤쪽 옷깃을 잇는다

② 겉깃과 안깃을 겉끼리 맞대고 박는다

겉깃(겉)

③ 겉으로 뒤집고 겉깃 시접을 완성선에서 안쪽으로 접어 넣는다

왼쪽 어깨선

④ 주름을 접어서 시침질한다

목둘레선

뒤판(겉)

앞판(안)

왼쪽 어깨선

⑤ 목둘레선에 안깃을 맞춰서 박는다

겉깃(겉)

앞판(안)

겉깃(겉)

앞판(겉)

시접을 접어서 스티치한다

5 소매를 만들어서 단다.

바깥쪽 소매(안)

안쪽 소매(안)

① 안쪽 소매와 바깥쪽 소매를 쌈솔로 박는다 (→ P.34)

앞판(안)

뒤판(안)

② 왼쪽 어깨선을 겹쳐서 시침질한다

소매(안)

진동둘레 바이어스감(겉)

3.5

④ 진동둘레 바이어스감을 박는다

③ 소매를 몸판과 겉끼리 맞대고 박는다

0.8

1.5

뒤판(안)

⑤ 바이어스감으로 시접을 싸서 박는다(→ P.34)

소매(안)   4

⑥ 소맷부리를 두 번 접어서 스티치한다

6 밑단을 두 번 접어서 스티치한다.

3   1

앞판(안)

뒤판(안)

7 단춧구멍을 만들고 단추를 단다.

t 숄칼라 원 버튼 코트

몸판에 숄칼라를 달고 버튼 하나로 여밈하는 소매선이 없는 루즈한 핏의 코트입니다.

● 완성 치수

S 가슴둘레 101cm 전체 길이 123cm
M 가슴둘레 105cm 전체 길이 124.5cm
L 가슴둘레 109cm 전체 길이 126cm

● 실물 크기 옷본

D면 t 앞판 t 뒤판 t 옷깃 t 주머니
t 앞쪽 안단 t 소맷부리 안단

● 재료

겉감 : 리넨(캐멀베이지) … 110cm 폭　S 4.5m
　　　　　　　　　　　　　　　M 4.6m
　　　　　　　　　　　　　　　L 4.7m

별도 옷감 : 리넨 110cm 폭 1m

접착심지 … 110cm 폭 1.5m(앞쪽 안단, 소맷부리 안단, 안깃)

지름 2cm 단추 … 1개

● 만드는 순서

1. 주머니를 단다.
2. 뒤판 중심선을 박고 파이핑으로 처리한다.
3. 어깨선과 옆선을 통솔로 박는다.
4. 옷깃을 만들어서 단다.
5. 앞판과 앞쪽 안단을 박는다.
6. 소맷부리를 안단으로 처리한다.
7. 밑단을 두 번 접어서 스티치한다.
8. 단추를 단다.

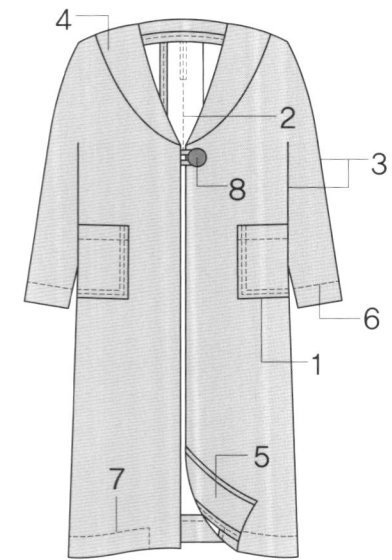

● 옷감을 마름질하는 법

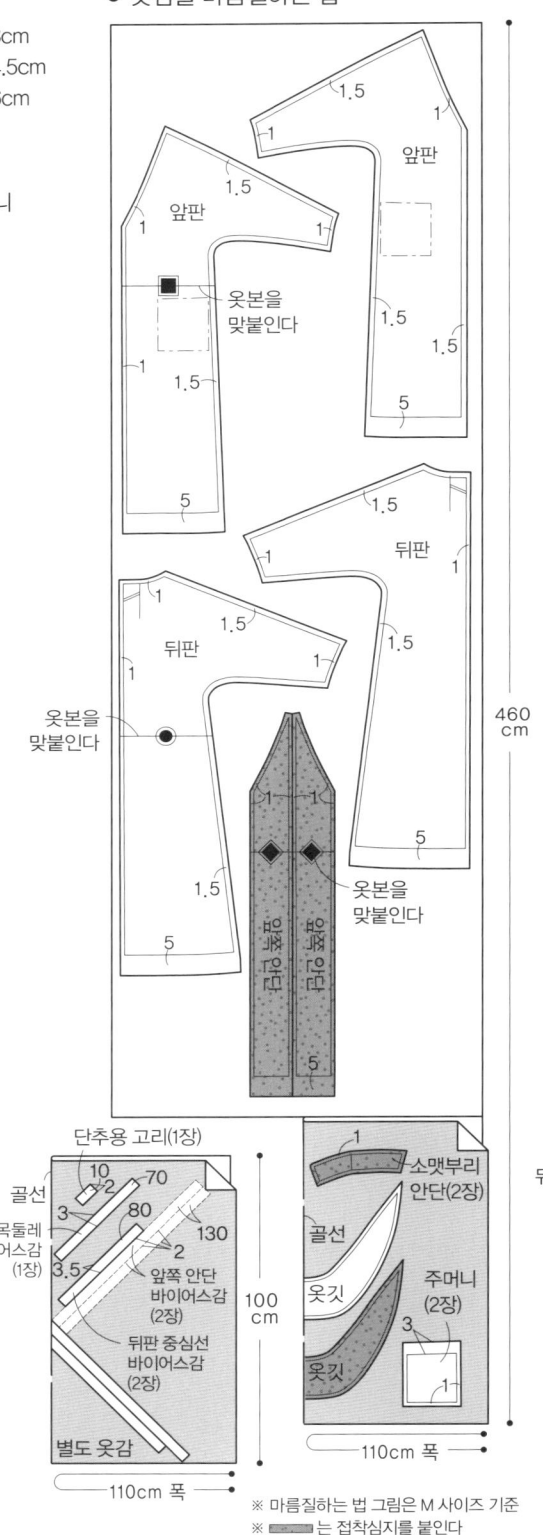

460cm

※ 마름질하는 법 그림은 M 사이즈 기준
※ ▨ 는 접착심지를 붙인다

1 주머니를 단다.

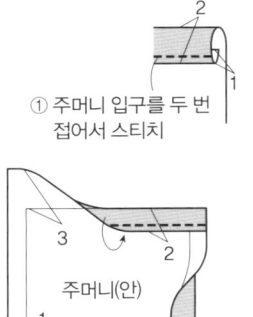

① 주머니 입구를 두 번 접어서 스티치

② 3변의 시접을 다려서 접어 넣는다

앞판(겉)
주머니(겉)
0.6
0.2

③ 앞판에 주머니를 박는다

2 뒤판 중심선을 박고 파이핑으로 처리한다.

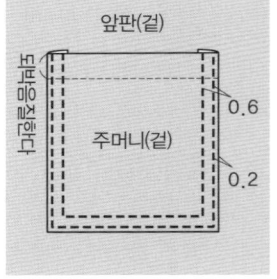

① 뒤판 중심선을 박는다

뒤판(겉)
뒤판(안)
뒤판 중심선
1.5

바이어스감을 하나로 잇는다

뒤판(안)
0.8

② 시접 2장을 같이 파이핑으로 처리한다

3 어깨선과 옆선을 통솔로 박는다.

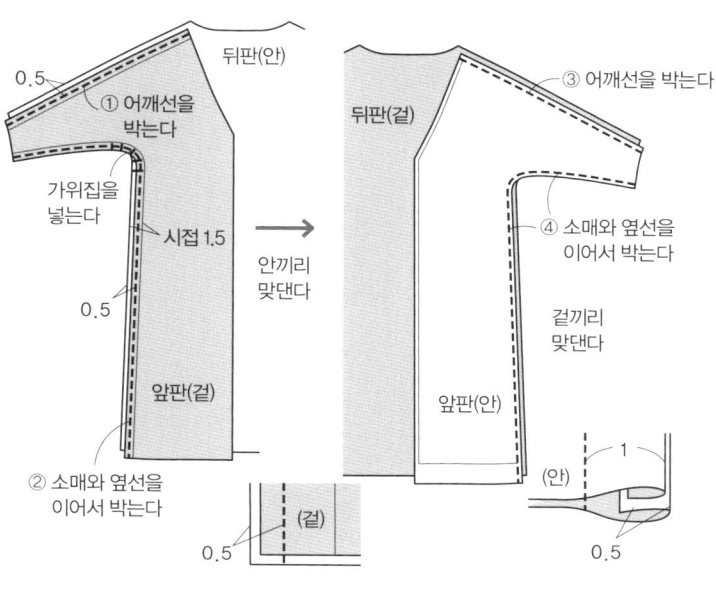

0.5
① 어깨선을 박는다
뒤판(안)
가위집을 넣는다
시접 1.5
0.5
앞판(겉)
② 소매와 옆선을 이어서 박는다
0.5
(겉)

안끼리 맞댄다

③ 어깨선을 박는다
뒤판(겉)
④ 소매와 옆선을 이어서 박는다
겉끼리 맞댄다
앞판(안)
1
(안)
0.5

4 옷깃을 만들어서 단다.

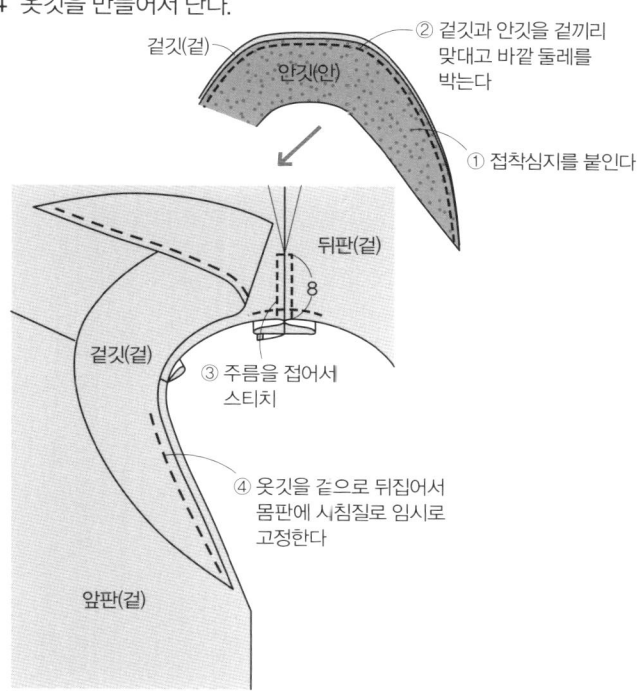

걷깃(겉)
안깃(안)
② 겉깃과 안깃을 겉끼리 맞대고 바깥 둘레를 박는다
① 접착심지를 붙인다
뒤판(겉)
8
겉깃(겉)
③ 주름을 접어서 스티치
④ 옷깃을 겉으로 뒤집어서 몸판에 시침질로 임시로 고정한다
앞판(겉)

5 앞판과 앞쪽 안단을 박는다.

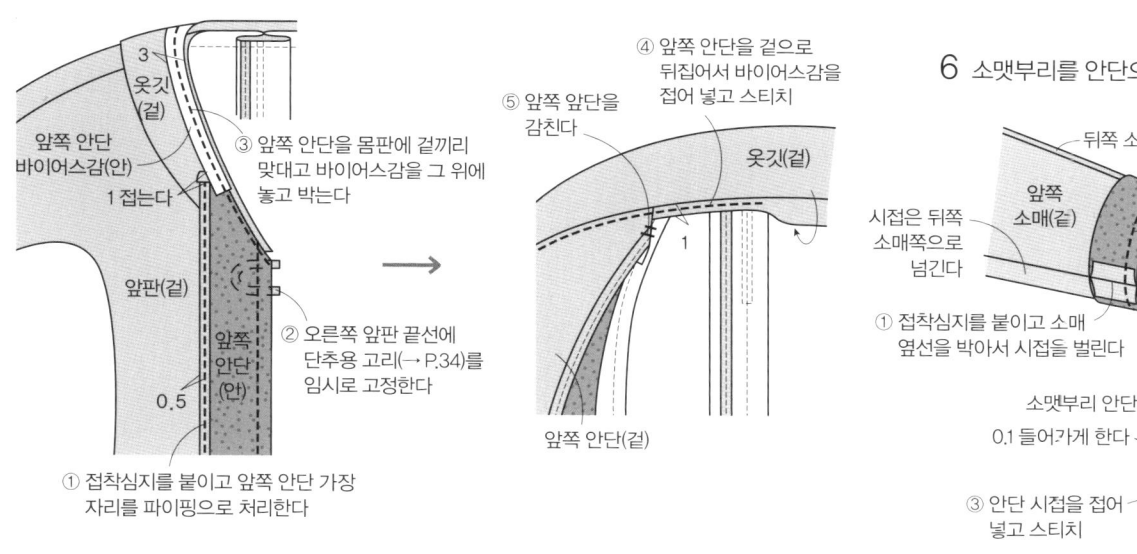

3
옷깃(겉)
앞쪽 안단 바이어스감(안)
1 접는다
③ 앞쪽 안단을 몸판에 겉끼리 맞대고 바이어스감을 그 위에 놓고 박는다
앞판(겉)
앞쪽 안단(안)
② 오른쪽 앞판 끝선에 단추용 고리(→P.34)를 임시로 고정한다
0.5
① 접착심지를 붙이고 앞쪽 안단 가장 자리를 파이핑으로 처리한다

④ 앞쪽 안단을 겉으로 뒤집어서 바이어스감을 접어 넣고 스티치
⑤ 앞쪽 앞단을 감친다
옷깃(겉)
1
앞쪽 안단(겉)

6 소맷부리를 안단으로 처리한다.

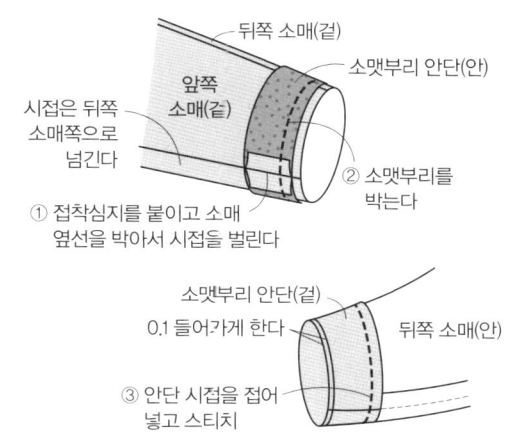

뒤쪽 소매(겉)
소맷부리 안단(안)
앞쪽 소매(겉)
시접은 뒤쪽 소매쪽으로 넘긴다
② 소맷부리를 박는다
① 접착심지를 붙이고 소매 옆선을 박아서 시접을 벌린다

소맷부리 안단(겉)
0.1 들어가게 한다
뒤쪽 소매(안)
③ 안단 시접을 접어 넣고 스티치

7 밑단을 두 번 접어서 스티치한다.

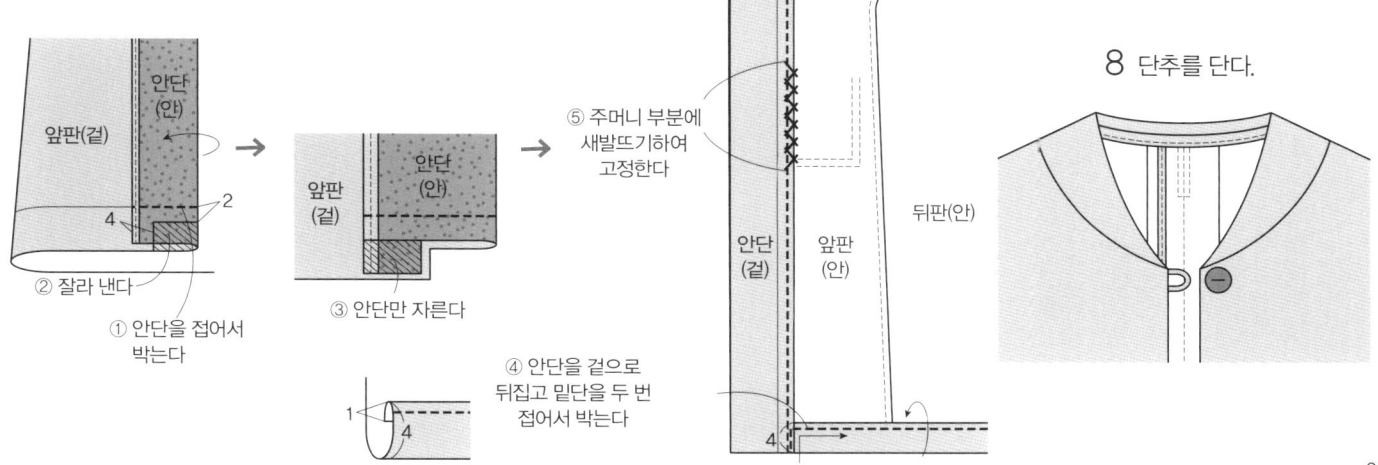

앞판(겉)
안단(안)
2
4
② 잘라 낸다
① 안단을 접어서 박는다

앞판(겉)
안단(안)
③ 안단만 자른다

1
4
④ 안단을 겉으로 뒤집고 밑단을 두 번 접어서 박는다

⑤ 주머니 부분에 새발뜨기하여 고정한다
안단(겉)
앞판(안)
뒤판(안)
4

8 단추를 단다.

뒤판(안)

h 퍼프소매 블라우스

소맷부리에 주름을 잡아서 커프스를 단 퍼프소매 블라우스입니다.
조끼나 앞치마 원피스를 겹쳐 입기 좋은 기본 아이템입니다.

● 완성 치수

S 가슴둘레 93cm 전체 길이 68.5cm
M 가슴둘레 97cm 전체 길이 69.5cm
L 가슴둘레 101cm 전체 길이 70.5cm

● 실물 크기 옷본

B면 h 앞판 h 뒤판 h 소매 h 커프스

● 재료

겉감 : 리넨(오프화이트) … 140cm 폭 S 2.4m
M 2.5m
L 2.6m

지름 0.9cm 단추 … 2개

● 만드는 순서

1. 뒤트임을 파이핑으로 처리한다.
2. 어깨선과 옆선을 쌈솔로 박는다.
3. 목둘레선을 파이핑으로 처리한다.
4. 소매를 만들어서 단다.
5. 밑단을 두 번 접어서 스티치한다.
6. 단추를 단다.

● 옷감을 마름질하는 법

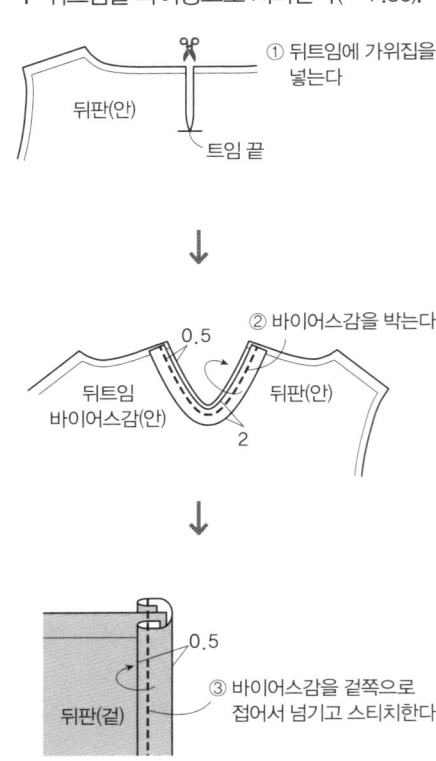

※ 마름질하는 법 그림은 M 사이즈 기준

1 뒤트임을 파이핑으로 처리한다(→ P.35).

① 뒤트임에 가위집을 넣는다
뒤판(안)
트임 끝

② 바이어스감을 박는다
0.5
뒤트임 바이어스감(안)
뒤판(안)
2

③ 바이어스감을 겉쪽으로 접어서 넘기고 스티치한다
0.5
뒤판(겉)

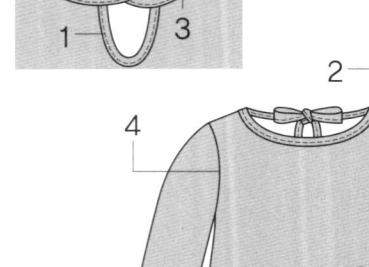

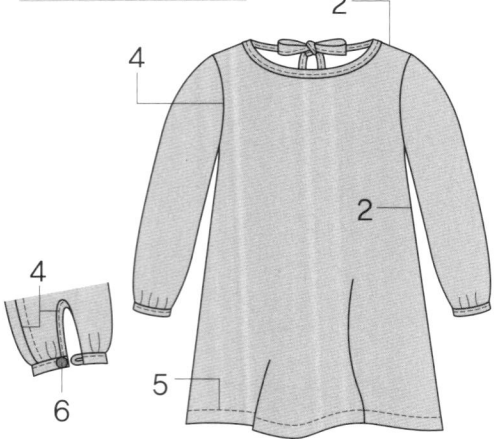

2 어깨선과 옆선을 쌈솔로 박는다.

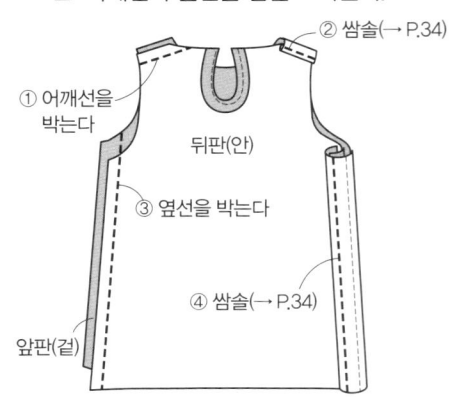

① 어깨선을 박는다
② 쌈솔(→ P.34)
뒤판(안)
③ 옆선을 박는다
④ 쌈솔(→ P.34)
앞판(겉)

3 목둘레선을 파이핑으로 처리한다.

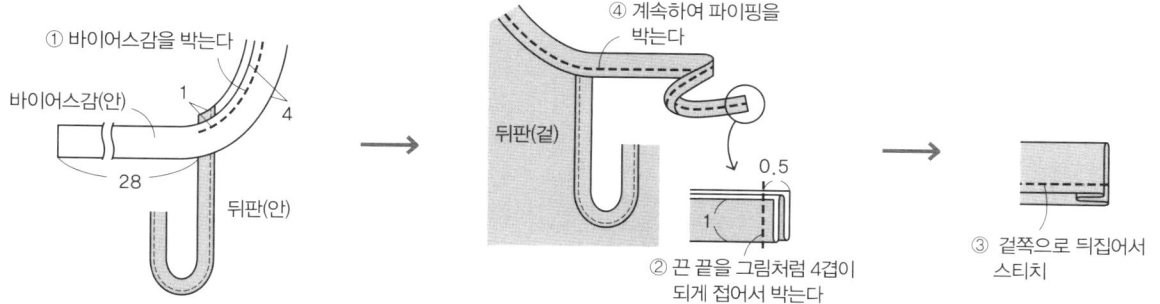

① 바이어스감을 박는다
바이어스감(안)
1
4
28
뒤판(안)

④ 계속하여 파이핑을 박는다
뒤판(겉)
0.5
1
② 끈 끝을 그림처럼 4겹이 되게 접어서 박는다

③ 겉쪽으로 뒤집어서 스티치

4 소매를 만들어서 단다.

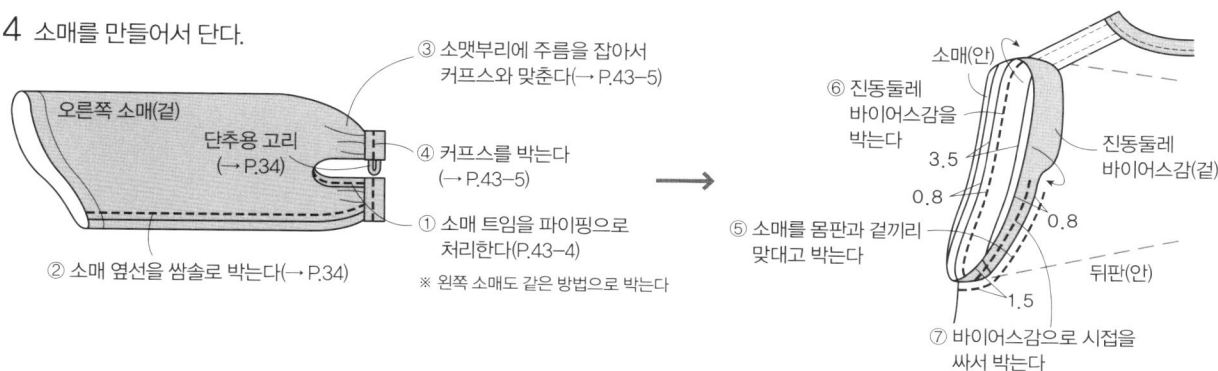

오른쪽 소매(겉)
단추용 고리 (→ P.34)

③ 소맷부리에 주름을 잡아서 커프스와 맞춘다(→ P.43-5)
④ 커프스를 박는다 (→ P.43-5)
① 소매 트임을 파이핑으로 처리한다(P.43-4)
② 소매 옆선을 쌈솔로 박는다(→ P.34)
※ 왼쪽 소매도 같은 방법으로 박는다

소매(안)
⑥ 진동둘레 바이어스감을 박는다
진동둘레 바이어스감(겉)
3.5
0.8
0.8
⑤ 소매를 몸판과 겉끼리 맞대고 박는다
뒤판(안)
1.5
⑦ 바이어스감으로 시접을 싸서 박는다

5 밑단을 두 번 접어서 스티치한다.

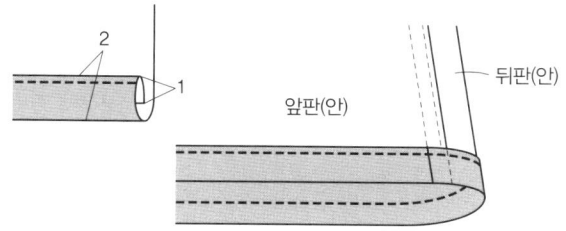

2
1
앞판(안)
뒤판(안)

6 단추를 단다.

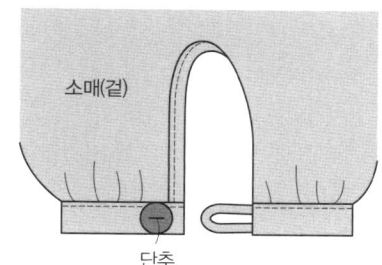

소매(겉)
단추

LINEN NO ONE-PIECE: ICHIMAI DEMO KASANETEMO, ZUTTO, TAISETSU NI KIRARERU
by Hiromi Shibata
Copyright ⓒ Hiromi Shibata 2020
All rights reserved.
Original Japanese edition published by EDUCATIONAL FOUNDATION BUNKA GAKUEN BUNKA
PUBLISHING BUREAU
This Korean edition is published by arrangement with
EDUCATIONAL FOUNDATION BUNKA GAKUEN BUNKA PUBLISHING BUREAU, Tokyo
in care of Tuttle-Mori Agency, Inc., Tokyo through Botong Agency, Seoul

입을수록 편안한 리넨 원피스

1판 1쇄 발행 2021년 3월 17일
1판 2쇄 발행 2021년 7월 11일

지은이 _ 시바타 히로미
옮긴이 _ 남궁가윤
펴낸이 _ 정원정, 김자영
편집 _ 홍현숙
디자인 _ 김민정, 이유진

펴낸곳 _ 즐거운상상
주소 _ 서울시 중구 충무로 13 엘크루메트로시티 1811호
전화 _ 02-706-9452 팩스 _ 02-706-9458
전자우편 _ happydreampub@naver.com
페이스북 _ @happydreampub
출판등록 _ 2001년 5월 7일
인쇄 _ 천일문화사

JAPAN STAFF
발행인 _ 하마다 가즈히로
촬영 _ 오단 마치코
스타일링 _ 가기야마 나미
북 디자인 _ 미카미 쇼코 (Vaa)
모델 _ 루카
헤어 메이크업 _ 나라이 유미
패턴 그레이딩 _ 우에노 가즈히로
디지털 도면 _ 하치몬지 노리코
교열 _ 무카이 마사코
편집 _ 사사키 준코, 가토 후카(문화출판국)

ISBN 979-11-5536-159-7 (13630)